国际政治理论流派与前沿问题

宋志辉——著

时事出版社
北京

图书在版编目（CIP）数据

国际政治理论流派与前沿问题/宋志辉著. —北京：时事出版社，2021.2
ISBN 978-7-5195-0402-1

Ⅰ.①国…　Ⅱ.①宋…　Ⅲ.①国际政治—政治理论—研究　Ⅳ.①D5

中国版本图书馆 CIP 数据核字（2020）第 261094 号

出 版 发 行：时事出版社
地　　　址：北京市海淀区彰化路 138 号西荣阁 B 座 G2 层
邮　　　编：100097
发 行 热 线：（010）88869831　88869832
传　　　真：（010）88869875
电 子 邮 箱：shishichubanshe@sina.com
网　　　址：www.shishishe.com
印　　　刷：北京良义印刷科技有限公司

开本：787×1092　1/16　印张：12.75　字数：190 千字
2021 年 2 月第 1 版　2021 年 2 月第 1 次印刷
定价：88.00 元
（如有印装质量问题，请与本社发行部联系调换）

CONTENTS

目　录

CONTENTS

前　言

第二次世界大战结束以来，国际政治理论主导权长期由以美国为首的西方理论界主导，并形成当代西方国际政治理论体系。20 世纪 90 年代初冷战结束和苏联解体后，世界进入美国一超独霸的时代。进入 21 世纪后，国际形势进一步发生巨大变化。中国经过改革开放 40 多年的发展，经济实现快速增长，人民生活水平大幅提高，国家综合实力显著增强，国际地位进一步提高，但国际话语权却没有较大提升。党的十八大以来，在以习近平同志为核心的党中央领导下，通过全国各族人民的不懈努力，中国正在朝着实现中华民族伟大复兴的“两个一百年”奋斗目标努力迈进。中国日益增长的经济实力、战略影响力等，共同推动中国愈加积极地参与到全球化进程和国际多边体系。然而更为深刻的变化，恰如习近平主席所说，是“我国处于近代以来最好的发展时期，世界处于百年未有之大变局，两者同步交织，相互激荡”。对人类所处时代做出百年未有之大变局如此重大判断，揭示出人类今天正在经历的沧海桑田及其对未来发展的影响，要超过前一世纪人类经历的天翻地覆。习近平主席指出，当今世界正处于百年未有之大变局和风云变幻的过程中。在全球治理也面临重大转变的今天，深入分析国际形势大变局的内涵和发展趋势，对于我们科学把握转型过渡期国际形势演变规律、准确把握历史交汇期我国外部环境基本特征、全面统筹谋划和推进新时代中国特色大国外交、积极参与全球治理、逐步形成具有中国特色的国际政治理论体系具有重要而深远的战略意义，也是中国实现伟大复兴的现实需要。

一、国际局势正在发生深刻变化

当今世界，国际形势正在发生深刻的变化，但和平与发展仍是世界面临的两大主题。我国正处在发展的关键时期，而和平是发展的前提和基础。只有在和平的国际环境中，世界各国才能保持正常的经济交往和顺利实现本国的发展计划。战后世界经济的发展就是得益于世界相对和平的国际环境，战乱和冲突则是经济发展的重大障碍。战乱不仅使参战国消耗大量的人力、物力、财力，造成严重的经济损失，而且导致交通运输瘫痪、国际贸易中断，给世界经济的发展造成严重影响。发展经济是维护世界和平的有力保障。和平事业需要一定的物质基础，而经济贸易往来则能增进各国人民的友好往来。具体地说，世界经济的发展促进了国际分工，增进了各国间的交流和联合，有可能抑制世界战争的爆发；经济的发展有助于消除世界不稳定的因素，减少发生军事冲突的可能性；世界经济特别是发展中国家经济的发展有利于世界和平力量的壮大。

尽管世界已经进入 21 世纪，但由于美国仍然不愿意放弃冷战思维，特别是唐纳德·特朗普入主白宫后，美国不断加快逆全球化进程，退出一系列国际组织，导致国际形势充满不确定性，并给世界和平与稳定造成巨大威胁。当前国际政治和安全形势因特朗普政府的内政外交政策而产生重大变化，中国在国际形势的不确定趋势中成为重要的积极稳定因素。世界多极化和非西方力量的上升是时代前进的方向，世界各国人民向往和平稳定、要求发展进步、主张合作共赢是推动历史发展的动力，这是国际形势总体稳定的基础。但是，时代的潮流时有迂回，历史的发展仍有曲折，当前国际社会正处于这一充满挑战的迂回曲折时期。一方面，大国战略竞争态势恐将持续升温，美国的战略决策仍将是国际局势演变最大的影响因素。美国执意退出

《中导条约》势必引发新一轮的军备竞赛，尤其是核军备竞赛。这将对现有的国际安全秩序构成重大挑战。另一方面，朝核、伊核等地区热点问题演变的不确定性上升，不排除出现新的紧张局势的可能性。与此同时，在不确定性更加突出的国际形势下，中国的角色和作用也将会更加重要，中国将积极推动全球化进程并致力于构建人类命运共同体，为维护国际和地区的安全稳定发挥更加积极的作用。

二、大国关系面临新的调整

进入21世纪20年代以来，国际力量对比继续朝着有利于中国的方向发展，中国的崛起和大国关系的调整促使美国表现出霸权衰落的焦虑感，以特朗普为代表的美国政府自上任以来便竭尽所能改变困境和使美国"重新伟大"。特朗普政府对国际趋势的极端和极度反应，导致大国关系竞争更加突出。首先，大国地缘战略调整，竞争面显著上升。美国特朗普政府上台以来，先后在2017年底和2018年初发布新版《国家安全战略报告》和《国防战略报告》，首次将大国竞争列为美国面临的最大威胁，并将中国和俄罗斯视为主要的"战略竞争者"和国际秩序的"修正主义者"。大国关系进入新一轮深度调整的突出表现，一是美国大力推进所谓"印太战略"，针对中国的意图明显；二是美俄陷入持续对抗，关系转圜困难重重；三是美欧关系裂隙加大，大西洋联盟面临挑战；四是中国积极构建"总体稳定、均衡发展"的大国关系框架，且成效逐步显现。其次，军备竞赛愈演愈烈，太空和网络成为军事争夺新领域。一方面，近年来，国际军备竞赛趋于加剧，主要大国纷纷增加军费开支，并加大新式武器研发力度。美国大幅增加海军造舰预算，实施近30年来规模最大的海军扩张政策。俄罗斯也加快推进武器更新计划，部署尖端激光武器，并计划部署高超音速武器"先锋"导弹。另一方面，在新一轮军备竞赛中，太空和网络成为新兴"战区"。2018年12月，特朗普下令成立太空司令部。

同时，网络安全问题也不断升级。日本修订《防卫计划大纲》，提高军费在 GDP 中的占比，尤其是强化太空监视和应对网络攻击的能力。印度也批准设立国防网络局、国防航天局。此外，美国还开了人工智能军事应用先河。第三，亚太地区安全局势虽然总体稳定，但不稳定因素依然突出。一方面，在南海局势总体稳定的情况下，美国对南海问题的介入有增无减。美军大幅增加在南海巡航和擅自进入中国岛礁邻近海域的频次。美国、日本、澳大利亚合作推进所谓“自由开放的印度—太平洋”战略，加大对越南、菲律宾等南海主权声索国及太平洋国家的防务合作和军事援助，遏制中国影响力意图明显。另一方面，朝鲜半岛局势在 2018 年出现转折性进展，重新回到对话协商解决的轨道。2018 年 6 月，朝美首脑在新加坡举行会晤，就实现半岛无核化目标达成协议。同年 9 月，朝韩领导人签署《9·19 军事协议》，禁止双方在陆海空等一切空间采取任何敌对行为。然而，美国和朝鲜之间围绕去核化问题分歧依然严重，给半岛稳定造成巨大障碍。此外，中东局势依然动荡不定，恐怖主义威胁向全球扩散。在中东地区，叙利亚局势趋于稳定，走向政治解决为主的阶段。美国做出从叙利亚撤军的决定。美国与伊朗的紧张关系依然孕育着新冲突的可能。而且，随着极端组织“伊斯兰国”势力大幅削减，恐怖主义从中东向全球外溢和扩散，极端组织将更多注意力转向非洲，尤其是北非和西非地区，非洲将成为今后国际反恐需要重点关注的地区。

三、科技发展正在改变大国力量对比

近年来，由于各主要国家在新兴科技领域加大战略投入，加之行业领先企业进行深入探索，全球科技创新进入空前活跃期。随着全球科技创新的加速发展，其有望在诸多新兴领域实现突破，并将对全球经济与国际关系等领域产生深远影响。当前，以通信技术、人工智能、物联网为代表的新兴科技领域的创新正在不断深化，未来全球产业格局、商业模式等将受其影响而不断呈现新面貌。

首先，作为新兴科技领域的集中代表，人工智能技术进一步在全球范围内引起重视，并对大部分垂直领域产生影响。随着算法、数据、计算能力等关键要素的积累和突破，人工智能正在加速拓展应用场景，对制造、金融服务、医疗保健、物流等产业领域产生重要影响，并日益融入人们的日常生活。

其次，作为信息技术向纵深发展的主要成果之一，物联网正在成为支撑经济和社会发展的新型基础设施。物联网的推广会将越来越多的设备、车辆、终端纳入智能化体系之中，将促进传统基础设施向网络化、智能化转型，进而为新的经济与社会形态的发展提供更高质量的基础设施支撑。

再次，包括量子计算技术在内的新兴研究领域步入关键期，先进国家在这些领域的竞争进一步加强。特别是由于计算能力是信息化发展的核心，量子计算技术将成为科技加速进步的“催化剂”，对基础科学研究、新材料研发、信息安全与国防建设、资源勘探等领域都将产生重大影响。随着世界主要国家加快量子技术研究与应用布局，此领域的全球竞争加剧。其中，美国近十年来以每年 2 亿美元的资金投入规模支持量子技术各领域的研发，并于 2018 年 6 月推出《国家量子行动计划》法案，将在原有基础上每年增加投入，而且鉴于该领域的战略意义，美国政府于 2018 年 11 月将量子计算列入出口管制框架。欧盟也在 2018 年启动了资金投入规模达 10 亿欧元的“量子旗舰”项目，重点支持量子计算、模拟、通信和传感四大领域。此外，英国、荷兰、澳大利亚、瑞典等国也纷纷出台相关政策或进行项目支持。因此，各国在新兴技术领域的研发竞争日益强化，并将由此催生新兴技术领域不断出现重大突破。

最后，新技术催生的行业标准之争已经并将进一步成为国际经济与科技博弈的主要领域。例如，新一代信息通信技术推动了产业升级变革，并催生新的行业标准及不同标准之间的竞争。其中，中美围绕 5G 技术标准展开的国际竞争所呈现的“双峰并峙”格局已引起全球关注，并对相关国际政治动态的发展产生重要影响。而未来在数据保护等技术与产业领域的标准竞争也将对行业乃至相关国家的全球产业地位产生深远影响。

今后一段时期，科技因素对国家间实力对比、战争形态演变以及国家外交资源构成的影响将进一步上升，进而推动国际格局的演变。首先，科技因素在大国实力对比的演变过程中将发挥更为重要的作用。历史上，大国的崛起都与当时科技与产业革命的兴起密不可分。未来一段时期，由于科技转化为生产力以及对社会生活产生影响的速度加快，新一轮科技革命的深化将使得那些能抓住科技革命机遇的国家，在科技创新、经济发展、军力增强及相对实力提升等方面获得更大优势，并使错失这一机遇的国家实力地位相对下降，从而深刻影响世界各国特别是大国之间的实力对比变化，并由此导致整个国际关系逐渐发生根本性变化。

四、建立中国特色国际政治理论正逢其时

早在20世纪80年代中期，中国学者已提出中国国际政治理论建设的问题，其中尤以1986年王建伟等的《努力创建我国自己的国际关系理论体系》一文为标志。国际政治理论的中国特色大致是80年代后期开始讨论的主题之一，“中国化”“本土化”“中国视角”“中国学派”的提法陆续出现，体现了中国国际政治理论的自主性探索逐步增强的趋势。1987年8月于上海召开的第一次国际关系理论研讨会明确提出要建立具有中国特色的国际关系理论，可视为中国特色问题讨论的发端。此后多次国际关系理论会议均将国际政治理论建设的中国特色作为其主题，但在整个20世纪80年代，中国国际政治理论探索的主线是对西方国家国际政治理论的翻译、介绍和评价。进入90年代，以新引进的国际关系理论解释现实的研究成果大规模出现，中国学者开始更多地使用中国经验以验证西方理论，并融入越来越多的中国视角和思想。上述两种研究思路在20世纪90年代中后期逐步合流，就建立中国特色国际政治理论基本达成共识。2000年之后，相关

讨论转向如何进行理论创建这一问题，中国主体意识初步显现，中国经验和中国思想开始成为理论研究和发展的重要内容。与之相伴随的是，明确反对中国特色的人日益减少，使用“中国学派”说法的人不断增多。在中国国际政治理论建设的路径问题上，学界主要就一些基本原则和方向达成共识，如应该以马克思主义为指导思想，关注中国领导人的国际政治与外交思想，从中国国情出发，对当代中国外交实践进行理论总结，从中国传统文化中汲取营养，借鉴国外理论成果等。以此为出发点，国际政治理论中中国学派的创新基础逐步夯实。

党的十八大以来，面对纷繁复杂的国际形势，在以习近平同志为核心的党中央坚强领导下，全面推进新时代中国特色大国外交，形成全方位、多层次、立体化的外交布局，成功驾驭和形成为中国发展营造良好外部条件的国际环境，极大地提升了中国的国际影响力、感召力、塑造力，也为世界和平与发展做出重大贡献。在亲自领导中国外交的宏大实践中，习近平全面深入地阐述中国梦的内涵及其世界意义，统筹国内国际两个大局、统筹发展安全两件大事的思想，以合作共赢为核心的新型国际关系理念；深化了对和平共处五项原则、和平发展时代主题和国际政治民主化的论述；针对当前经济全球化遭遇的困境，深刻阐释了创新驱动、开放共赢、公平包容、平衡普惠为要旨的应对之道；深入阐述了正确的国际义利观，共同、综合、合作、可持续的新安全观，公平、开放、全面、创新的发展观，倡导共商共建共享的全球治理观等系列重要观点；提出“亲诚惠容”周边外交理念、构建全球伙伴关系网络的主张；提出建设“一带一路”的重大倡议；提出建设人类命运共同体的倡议等一系列重要外交思想成果，从而形成习近平新时代中国特色大国外交思想。这一思想植根于改革开放以来中国特色社会主义的伟大实践，顺应世界和平与人类进步的时代潮流与历史大势，饱含着“中国智慧”，向世界展示了坚定自信、积极进取的中国风格和开放包容、谦和大度的中国气派，向世界提供了一系列“中国倡议”“中国主张”“中国方案”，展现了中国的全球视野和世界胸怀，得到国际社会的广泛认同。正是在习近平新时代中国特色大国外交思想引领下，今天的中国已前所未有地走近世界舞台中心。中国积极参与全球治理，正在引领国际关系理论的发展方向。在此背景下，建立有中国特色的国际政治理论流派正逢其时。

第一章 理想主义流派及其影响

理想主义通常被政治家和学者们视为最早创建的国际政治理论，其中最重要的代表人物便是美国第 28 任总统伍德罗·威尔逊，因此其又被称为威尔逊主义。威尔逊主义中浸透的理想主义精神及青睐集体安全观的思想主张，对当代国际关系的理论与实践产生了深远影响。同时，威尔逊理想主义的诞生对美国的政治理念及历史演变都具有重要意义，使美国转变了自身在世界政治舞台中的角色。理想主义也称“规范主义”或“机能主义”。其源于 18 世纪的启蒙主义和 19 世纪的理性主义，提倡在国家交往中遵循道德标准，加强国际规范，建立“超国家”组织，通过建立世界政府、世界组织来约束各国主权，以实现世界秩序的稳定。由于理想主义色彩浓重，又称“乌托邦主义”。美国前总统威尔逊的《论国家》和 1948 年发表的一次关于战后和平方案的演说（又称“十四点计划”），被认为是理想主义的代表作。理想主义，通俗来讲就是基于信仰的一种追求。理想主义一定是以精神层面为核心的，但它并不排斥物质。理想主义与信仰紧紧联系在一起，有信仰的地方，理想主义才会形成。有信仰、有追求的人，我们一般称之为理想主义者。现代国际政治理论中的理想主义流派催生于第一次世界大战那场空前的灾难之后，世界人民饱受大战摧残的痛苦，开始向往和平。于是，一种消灭战争、争取永久和平的主观情绪盛行一时，学者们也开始迫不及待地为追求这一美好愿望而积极投身于对未来国际关系理想模式的规划设计之中。伍德罗·威尔逊作为理想主义学派奠基人，对理想主义学派的全面构筑做出最大贡献。威尔逊在国际关系领域和美国历史的发展进程中，都是一位具有深远影响的历史人物。

第一节　理想主义理论流派产生的背景

理想主义对社会的认知与宣扬常常导致乌托邦主义。绝对意义上的理想主义社会是人类思想意识中最美好的社会，就如同西方早期“空想社会主义”。西方一位学者提出的空想社会主义社会，美好、人人平等、没有压迫，就像世外桃源。乌托邦式的爱情也是美好至极的，体现着人类对美好事物与社会的憧憬。

乌托邦主义是理想主义社会理论的一种表达，它试图借由将若干可欲的价值和实践呈现于一理想的国家或社会，从而促成这些价值和实践。一般而言，乌托邦的作者并不认为这样的国家可能实现，至少是不可能以其被完美描绘的形态付诸实现。但是他们并非在做一项仅仅是想象或空幻的搬弄，就如乌托邦主义这个词汇的通俗用法所指的一般。如同柏拉图《理想国》（它是最早的真正乌托邦）中所显示的，通常其目的是：借由扩大描绘某一概念（正义或自由），以基于这种概念而建构之理想社群的形式，来展现该概念的若干根本性质。在某些其他的场合，例如托马斯·莫尔的《乌托邦》（1516 年出版），其目标则主要是批判和讽刺：将乌托邦中的善良人民和作者当时社会的罪恶做巧妙的对比，而借之谴责后者。只有极少数的乌托邦作者——爱德华·贝拉密的《回顾》（1888 年出版）便是典型的例证——企图根据其乌托邦中所认真规划的蓝图来改造社会。就其本质而言，乌托邦的功能乃是启发性的。

理想主义的思想渊源非常丰富且深厚。17 世纪，一位名叫格劳秀斯的荷兰国际法学家设想出一种建立在各个国家达成共同认识和契约基础上的国际体系。18 世纪，法国伟大的启蒙思想家、法学家孟德斯鸠在《论法的精神》中提出自然法思想，即是一种在人类社会建立之前就已经存在的规律。同样身为法国著名启蒙思想家，同时又是哲学家、文学家和教育家的卢梭在其《社会契约论》中则阐述了人们可以通过社会契约放弃自然自由而获得契约自由，只有每个人在政治生活中把全部天然自由转让给集体或国家，人们才能获得真正平等的契约自由。

美利坚民族的精神源泉是宗教，美国国家政治的基本依托就是世俗化的宗教。无论过去、现在还是未来，美国宗教与政治都是紧密相连的有机整体。威尔逊理想主义政治思想就是以宗教信条中的神学世界观和人生观为基础而建构起来的。威尔逊从加尔文悲观人性论中认识到人性固有的缺陷，但同时又相信人性进步的希望是基督赋予人类的理性和良知。这两种观念的综合产物便形成威尔逊的人性观，而显然积极性对威尔逊的影响远大于消极性。尽管他从来没有忽视人性的缺陷，但他却似乎经常将其忽略，对人类善良和进步的信心仍然在他心目中占压倒性地位。因此，威尔逊的宗教信仰中并没有过分强调人性的“原罪”，反而非常乐观积极地看待人性的进步。

美国宗教民族主义曾经为美国社会政治制度的确立和美国民族在世界上履行自己的神圣职责提供了强有力的力量之源。美国人总有一种与生俱来的优越感，认为自己是生活在充满自由与希望的最理想世界，美国就是上帝的“选国”，是上帝在这个世界的代言人，美国人就是上帝的“选民”，是这个世界上最优秀的种族。因此，为全人类服务的神圣责任就落在美国的肩膀上。“在美国外交政策的传统中，美国文化内含的‘例外论’对美国对外政策产生了重要的影响，威尔逊理想主义则将这种文化因子进一步发扬光大，其目的是使世界美国化，让整个世界变得像美国一样美好。”

美国是一个移民国家，为了逃避欧洲封建宗教的迫害，美国早期的定居者才来到一个新大陆。这就决定了美国在建国初始已经将封建宗教压迫和等级制度排除在外，因此美国社会从一开始便是一种追求自由的社会。“美国对英国自由主义思想的最重要发展就是宪政主义。可以说，美国从政治文化到政治架构都被打上英国自由主义的烙印。”威尔逊一生崇拜的政治人物绝大多数是英国自由主义政治领袖或理论家，这些政治人物的思想对威尔逊日后的政治思想和实践，特别是所谓“新自由改革”和理想主义国际政治理念都产生了重要的影响。

第二节 理想主义理论流派的主要内容

理想主义在很大程度上代表了两次世界大战之间美国的国际关系主要理论和外交实践。理想主义学派是在特定的历史条件下出现的一种运动或者说一种思潮，是为了一种共同的目标，即和平目标而出现的人类的行为。从严格意义上说，理想主义最终也没有形成一个完整的理论体系。究其原因，一方面是因为当时理想主义理论还处于国际政治理论的初级研究阶段，另一方面是因为当时有影响的理论家比较少，除了伍德罗·威尔逊、阿尔弗雷德·齐默曼和约翰·默里等较有影响的代表人物之外，还有大卫·戴维斯、诺埃尔·贝克、约翰·霍布森、雷蒙德·福斯迪克、尼古拉斯·巴特勒等。尽管如此，该学派的诸多观点在今天看来，如强调维护世界和平要靠人民和公众力量的观点仍然是正确的。尽管理想主义有很多不完善之处，作为一个学派，在还没有形成一个体系完整、逻辑严密的理论体系的情况下，就消沉在现实主义的批判声中。但是，作为一种学术思潮，理想主义对于学术界的贡献是毋庸置疑的，从中体现的学术价值也是不可磨灭的。

威尔逊的“十四点计划”提出“民族自决权”的概念，称应依据民族自决原则来重新划分战败国（德国、奥匈帝国、奥斯曼帝国和保加利亚）的领土，并且认为各族人民有权力决定自己政府的统治方式。但巴黎和会并没有实现威尔逊民族自决的主张，这是因为战败国指责战胜国国内也存在不尊重民族自决权的现象，例如英国的爱尔兰问题与美国的黑人问题等。以威尔逊学派为代表的理想主义理论流派主要包括以下内容：

1. 人性可以改造。理想主义关于人类的思想主要来源于文艺复兴时期的人类完美主义。正因为理想主义理论认为人可以通过客观环境的变化而变化，所以他们相信人类总是在不断进步和向好的方向发展的。人性在正确思想的驱使下，在好的客观环境的限制和作用下有能力克服自身的缺点和不足，最终走向文明。

2. 战争可以避免。理想主义由此便提出两个结论：战争的根源不能归罪于人的罪恶；战争的出现也不是人类活动的必然产物。理想主义者认为战争的出现与人类的本性无关，而与他们所处的环境有关。他们认为战争主要不是因为不完善的国内或国际政治体制的缺陷，而是由人类进行教育和开化的困难和人类文明进步的不足引起的。在此前提下，理想主义认为一旦人类的教育程度提高了，不再是感情思维而是更改思维，不再是用武力解决问题而是用协商的办法解决问题，人类的战争便可以消除了。

3. 利益可以调和。理想主义者强调，在人类社会和国家之间不存在重大的利益冲突。在国家对外政策中强调国家利益在理想主义者的眼里是一种眼界狭小的民族主义。理想主义相信国家利益在国际关系中是可以互相调和的，是和谐一致的，他们不愿意区分国家利益之间的区别实质上是否定国家利益在国际政治中的重要性。在无政府的国际社会中，这种人只看到一致而看不到区别，以为自己的国家利益就是别人的国家利益的做法在外交实践中自然会碰壁。

4. 建立国际机构，保卫世界和平。国际联盟是理想主义者的希望，也是他们对世界和平信仰从理论到实践的具体体现。他们之所以要积极支持建立国际联盟，是因为他们相信，只有建立这样一个机构，世界和平才能维持。理想主义者认为，第一次世界大战的爆发是长期盲目地相信均势力量的结果。他们指出，国家为了自身的利益互相之间充满矛盾，人们以为通过均势的互相牵制，可以控制矛盾的爆发。因此，世界和平的维持今后应该通过国际联盟的集体安全力量来实现，以往传统的外交方式将被维护和平的新方法所取代。

5. 国际法和国际公约可以保证世界和平。理想主义者相信，国际法可以规范国家行为。在国际法和国际公约的规范下，一旦出现侵略行为，世界各国可以根据国际法和国际公约的规定对违法的行为进行制裁。他们甚至认为，符合国际道德的外交政策就是好的正确的外交政策，不符合国际道德的外交政策就不是好的外交政策。同样，符合国际道德的行为自然也符合国际法的标准。因此，道德和外交之间的关系是简单的正比关系。

6. 公众舆论也可以确保和平。理想主义相信，衡量外交政策的标准主要是看这个政策是不是符合国际道德。理想主义者相信，要维护国际道德，必须做到两点：一是要依靠国际联盟的力量，对违反国际联盟的政府进行制裁和抵制；二是要靠提高公众的觉悟和文化素质，发挥学者和政治活动家的积极性。一旦一个国家的政府采取了对外侵略政策，它在国际上将受到国际联盟的制裁和国际舆论的谴责，这种制裁和谴责可以使这个国家内受过良好教育的公众醒悟，推翻侵略政府，最终使世界避免战争。

第三节　对理想主义理论流派的评价

理想主义在国际政治理论领域出现的时间很短暂，但是它留给人们许多思考。尽管理想主义的失败是一种特定的理论在外交实践上的失败，但理想主义理论在今天看来其诸多方面仍然具有现实意义，值得肯定。

1. 理想主义强调维护世界和平要靠人民和公众力量的观点是正确的。他们认为，通过对民众的教育可以提高民众的素质，以造就正确的国际舆论环境，在国际舆论的压力下，各国的利益走向和谐，人类也会避免战争。理想主义者把和平的希望寄托在人民大众的基础之上，是因为他们认为人民大众是可以教育的，人类社会在不断前进，不断趋于理性。理想主义对人类历史发展动力的分析具有唯物主义的思想，其对人类命运是进步和发展的分析建立在对人民大众的信任之上，因而认为人类的命运将充满光明。

2. 由于理想主义强调普通民众在国际关系中的作用，第一次世界大战结束后，理想主义者便提倡国际问题研究要走到民众中去。国家的外交决策不能只是少数领导人的事情，国家与国家之间的关系不能再搞秘密外交。之后，国际问题研究走进大学，学生和教授们对国际问题的研究影响了民众。理想主义在这方面对国际政治理论的发展功不可没。

3. 理想主义认为，人是客观环境造就的产物。这一思想有唯物主义的色彩。他们强调，战争的出现是因为人类的愚昧无知。客观环境非一般人类。如果人类受到良好的教育，在健全的客观环境中，就不会去发动战争。理想主义这一观点带有唯物主义的色彩，应当说具有一定的科学性。

4. 理想主义强调国际关系中道德的重要性是适时的。虽然在研究国际关系时，要考虑国家利益，要重视国家在实现国家利益时的实力，但是理想主义在其理论中坚决反对用权力来衡量国际事务，强调要用道德和国际法来处理国家之间的关系，这一点至今仍有指导意义。从今天的国际关系实践来看，单纯用武力来解决国家之间争端往往是失败的，越南战争和阿富汗战争就是最有力的例证。在处理国家关系时，完全用道德来解决问题不行，完全脱离道德也不行。

5. 理想主义认为国家之间的利益是可以调和的。当时最好的例证就是，在第一次世界大战后各国都不愿意看到大战的悲剧重演。今天，随着历史的发展，国家利益在一定条件下可调和的情况越来越多。工业生产中的互相合作、商业中的互利互惠、环保中的共同利益、世界维和部队的出现，所有这些都说明，随着世界的进化和发展，人类的共同利益在不断增长，求同存异的原则越来越为人们所接受。

虽然理想主义的许多思想值得称赞，但是它在实践上却失败了。其失败的根本原因不是因为其理论的“正义性”不强，而是把握国际事务的准确性不够。威尔逊理想主义用普遍的道德意识形态来定义国家利益，从伦理和道德的角度看世界，忽视了现实政治领域中存在的根本利益纷争以及权力的作用，这就导致这些美好规则在现实政治运作的过程中屡遭挫折，最终第二次世界大战将威尔逊对理想主义的美好设想砸得粉碎。虽然理想主义在两次世界大战受到重创后，又受到来势汹汹的现实主义理论的夹攻，其影响力已然大不如前，美国在对外政策上也逐渐偏向于现实主义思想，现实主义开始占上风并压制住理想主义的发展，但是威尔逊的理想主义并没有因此失去其独有的影响力，也没有完全退出世界政治舞台，我们仍然可以在国际组织、维护和平、环境保护和国际法等领域找寻出理想主义学派的踪迹。实际上，现实主义和理想主义在美国的外交政策中就是一个矛盾体，虽然各自有所侧重，但缺一不可。尽管理想主义有很多不完善之处，作为一个学派，其在还没有形成一个体系完整、逻辑严密的理论体系的情况下，就消沉在现实主义的批判声中，但是作为一种学术思潮，理想主义对学术界的贡献是毋庸置疑的，从中体现的学术价值也是不可磨灭的。

第二章　现实主义流派及其影响

现实主义是当代西方国际政治理论主要流派之一。在西方政治思想史中，“现实主义”（Realism，在哲学中译为“唯实论”或“实在论”）这一术语的来源可以追溯到近代以前。唯实论强调人类的一般观念或抽象概念是一种客观存在，与强调一般观念仅仅是一种符号的唯名论相对；后来在笛卡尔的哲学中，唯实论是指作为人类感知对象的物质乃实际存在，与断言概念的外在对象乃由观念构成的唯心论相对。在现代国际政治理论中，“使用现实主义一词就意味着肯定真实之所在、现实之所在”，这就是承认冲突乃是国家间关系中固有的现象；现实主义者所关注的就是国际关系中的无政府状态、权力政治和战争的成分。英国学者 E. H. 卡尔是国际关系研究中在此意义上较早使用“现实主义”术语的人之一。

现实主义在第二次世界大战后成为西方国际关系研究中的主要流派，这首先是因为现实主义理论适应了美国战后冷战政策的需要。两次世界大战之间的 20 年间，理想主义或乌托邦主义主导着国际关系理论的发展，它强调道义和人类良知，主张维护国际联盟的作用，建立对各国具有约束力的国际法准则，通过国际合作避免世界战争悲剧的重演。理想主义国际思潮迎合了英国等国政府的政策需要，但遭到以 E. H. 卡尔为代表的现实主义者的强烈抨击，并随着国联集体安全和绥靖主义政策的失败、大战的再次爆发而偃旗息鼓。二战后美苏冷战的逐渐形成使权力政治观被广泛接受，现实主义因能够更好地解释美国的遏制政策而受到美国官方的青睐，通过大学与政府的联系和各种研究基金的资助，现实主义国际关系理论在美国乃至大多数西方国家的国际研究中占据了主流地位。

国际关系英国学派代表人物马丁·怀特在论及国际理论的现实主义传统时指出，它的一个显著特征是其研究方法为归纳法：强调实际存在即是什么而不是理想或应该是什么；强调事实而不是义务，“这似是一种归纳的方法而不是一种事先推论”。马丁·怀特进一步认为，所有现实主义都基于三门科学理论，即机械论、生物进化论和心理学，它们“决定了现实主义的传统”，因为现实主义的势力均衡、生存竞争和人类行为的研究分别与它们相联系。实际上，怀特这里指出的现实主义理论家采用了多学科交叉的研究方法，在下列事实中都反映了出来：经典现实主义者熟谙史学、哲学和法学研究中的所谓传统主义方法，新现实主义者则吸收所谓科学主义方法的精华而发展了现实主义理论。

第一节 现实主义理论的基本假设

现实主义理论范式的内容是由它的基本假设或命题构成的，它们反映了现实主义者的基本观点。必须指出的是，现实主义流派由各种各样的相关理论汇集而成，它们的观点并不总是与下述假设完全一致；但对于现实主义者来说，他们都在不同程度上把这些假设作为其理论的基础或实践的出发点。现实主义理论基于以下四个主要假设：

第一，国际体系以国家为基础，国家是国际体系中主要的和统一的行为体。在国际关系研究中，国家是基本的分析单位，无论它们是指希腊城邦国家还是现代民族国家，国际关系研究就是这些单位之间关系的研究。国际体系中还存在大量非国家行为体，如多国公司、恐怖主义集团以及其他跨国和国际组织等，它们在国际政治中发挥着一定的作用，但在现实主义者看来，与主权国家相比，非国家行为体的地位总是次要的，国家是具有支配地位的行为体。国家是统一的行为体。现实主义者把国家看作被一个坚硬的外壳包围着的分析单位，或者一个个大小不等的“台球”，国家间的相互作用意味着这些“台球”表面的碰撞，其结果决定于它们各自的力量和速度，而与其内部结构无关。简言之，国际政治被理解为主权国家互动的一个领域，该领域与国内政治分离。现实主义者认为，一国国内的政治分歧和冲突能够在国内最终得到权威性的解决，所以一国政府可以代表作为整体的国家。因此，国家是统一的行为体就意味着在任何特定的事件和问题上它只有一种政策。当然，例外的情况会不时发生，但在现实主义者看来，这些例外只是相对于规则的例外，最终仍然支持国家是统一的行为体的一般假设。即使在出现例外情况时，例如一国外交部表述的政策不同于国防部的政策表述，更高的权威机构会予以干预，以排除官僚部门或非政府行为体的那些有悖于中央政府政策的行为。

第二，从悲观主义的人性观出发，国际政治的本质是冲突，即无政府状态下争夺权力的斗争。在现实主义思想中，由于生存的需要，人类本质上是相互竞争的；在这种相互的竞争关系中，他们所关注的是自己的福利，并渴望成为支配者而不希望为别人所利用。因此，享有他人的利益和避免为他人支配的欲望是普遍存在的。结果，在与他人的关系——包括国际关系中，他们致力于获得优势地位，至少在此意义上，人类被认为本质上都是相同的。这种悲观主义的观点在汉斯·摩根索的国际关系理论中得到反映，他认为人类具有某种“权力意志”，这在政治特别是国际政治中尤为明显：“政治是争夺统治人的权力之斗争，无论其最终目的如何，权力是其直接目标，获得、维护和宣示权力的模式决定了政治行为的技巧。”因此，国际政治被现实主义者首先描述为“权力政治”：它是国家间对立、冲突和战争的舞台。现实主义者假设，国际政治是在一个国际无政府状态，即在没有一个支配一切的权威或世界政府的体系中运行的。在这样一个国际体系中，各国拥有合法主权，但因实力大小不同而有强国和弱国之分。在国家间实力等级结构中，最重要的国家是大国和强国。因此，国际关系被理解为列强争夺支配权的斗争；各国如何实施其国际行为决定于势力均衡的复杂作用，理解势力均衡机制也就是理解国际政治。与国内政治生活的不断发展相比，国际政治中不存在进步与否的变革；现实主义理论不仅对特定时期，而且对所有时代都是有效的，因为国际政治中的上述基本事实从来没有变化过。

第三，现实主义规范性理论的核心是国家的生存和安全，因此在诸多国际问题的排列次序中，国家安全通常处于最高的位置，军事和相关的政治问题支配着世界政治，而经济和社会问题是次要的或低政治问题，前者常常被理解为支配或决定后者发生的环境。国家被看作其领土、居民、他们的价值观念和生活方式的保护者。现实主义者关注现实的或潜在的国家行为体之间的冲突，考察国际稳定如何获得和维持，以及如何被打破；还关注作为解决争端手段的武力的使用，以及防止领土完整被破坏。因此，国家实力是一个关键概念。国家利益是一国政府对外政策的最终决定因素。所有国家必须追求它们自己的国家利益这一事实意味着其他国家和政府都是不能完全依靠的，所有国际协议都是暂时的、有条件的，依赖于遵守它们的国家的意愿。如果国际义务与自身的至关重要的利益相冲突，所有的国家都准备牺牲它们的国际义务，这使得国家间的条约和其他所有协定、公约、惯例、规则、法律等仅仅成为临时性安排。主权国家间不存在道德即相互责任约束意义上的国际义务，政治家的基本职责就是增进和维护国家利益，这在尼克罗·马基雅维利的名著《君主论》中得到最直白的阐述。

第四，国家本质上是根据国家利益进行决策的理性行为体。一个理性的外交决策过程包括设定目标、根据国家能够获得的各种资源评估所有合理的选择、通过所评估的各种选择实现目标的相对可能性，以及与每一种选择相联系的获益或代价。按照这一理性决策过程，决策者会估价每一种选择，决定其中获益最大化或代价最小化的一种。

现实主义者意识到把国家看作一个理性行为体的难度。政府决策者可能不拥有决策所需要的所有信息或知识；整个决策过程可能为不确定性所笼罩；他们还需处理可能会使人误入歧途的个人偏见和认知错误的问题。无论如何，理性选择的结果至少是一个令人满意的或次佳的选择。理性行为体的假设在博弈理论和威慑理论中尤其重要。

第二节　现实主义理论的思想渊源

现实主义国际关系理论流派从人类思想宝库中汲取了大量营养，从西方古典时代到文艺复兴、启蒙运动，历代先贤圣哲的学术成就为现代现实主义理论大厦奠定了基础，其中古希腊历史学家修昔底德、文艺复兴时期意大利政治理论家尼可罗·马基雅维利以及 17 世纪英国哲学和法学家托马斯·霍布斯的影响最为深远。

在国际关系思想史中，修昔底德通常被看作是第一位现实主义者，因为在其名著《伯罗奔尼撒战争史》中，他精辟地阐述了后世现实主义国际关系学者视为信条的国际政治思想。作为伟大的古希腊历史学家，修昔底德对发生在公元前 5 世纪雅典城邦与斯巴达城邦及其各自同盟者之间的伯罗奔尼撒战争的研究没有停留在对战争过程的生动描述和战争直接起因的分析上，而是深入探讨了战争的真正或根本原因，那就是："雅典权力的增长引起斯巴达的恐惧，这使战争变得不可避免。"修昔底德认为，正是均势的变化引起斯巴达对其丧失在希腊世界优势地位的忧虑，导致它增强自己的军事力量和争取盟国的支持，而雅典出于同样的原因采取类似的措施。于是，军备竞赛、威慑、结盟、外交活动以及树立威望等围绕着维持均势在两大集团之间展开。这样，对势力失衡的恐惧成了军备竞赛和战争本身的动因。

在修昔底德看来，希腊世界是由大小不等的城邦国家组成的国际体系，它们在本质上是不平等的，支配它们之间关系的是强权政治，而正义和道德是没有地位的。修昔底德在《伯罗奔尼撒战争史》中通过雅典和米洛斯两国统帅对话的形式表达了他的这种思想。对于米洛斯人要求遵守正义原则的呼吁，雅典人回答道："强者做凭其实力可以做的事情，而弱者接受其所只能接受的东西。"从根本上来说，处于国际无政府状态中的国家，除了按照强权政治的原则行事外别无选择；在这种强权政治中，安全和生存是主要的价值，而战争是最终仲裁者。

马基雅维利从包括修昔底德的古代希腊国际思想中得到启示，以15、16世纪意大利城邦国家间云谲波诡的纷争现实为背景，在他的《君主论》中总结了一套政治斗争的理论。马基雅维利主要关注的是国家的生存和安全，把国家的独立和自由视为最重要的政治价值；统治者的主要职责是维护本国的利益与保证它的生存和安全，这一目的决定了统治者不择手段的合法性。因此，政治家必须既是狮子又是狐狸：如果一个国家不够强大，它将招致他国来捕食；如果统治者不够精明和狡猾，就会失去能够给国家带来利益的机会，甚至因忽视危险或威胁而毁灭自己和国家。这是马基雅维利现实主义理论的核心。

马基雅维利理论的出发点是正视现实的世界而不是理想的世界，即应该成为的世界，在他看来，统治者不能按照基督教的道德原则来行动，不如此就是不负责任的，因为这不仅在现实中行不通，而且会牺牲其公民的财产、自由甚至生命。马基雅维利的理论因将道德因素排除在外而受到诟病，但有人认为，这种批评“不仅忽视了统治者对自己或自己的政权的责任，而且忽视了他们对其国家和公民的责任”。

托马斯·霍布斯的《利维坦》是一部最早阐述一般政治学理论的英文著作。在这部名著中，霍布斯提出，如果我们把人类看作生活在先于主权国家制度建立的某种“自然状态”之中，我们就能深刻理解政治生活。“自然状态”是一种人类生存的无政府状态，其性质是“所有人彼此敌对”的永恒“战争状态”：每一个男人、女人、儿童受到每一个其他人的威胁，生命总是处于危险之中，没有一个人能够保证自己的生存和安全。摆脱这种弱肉强食的“自然状态”的办法是他们缔结契约以建立和维护一个主权国家，它具有绝对权威和保护他们远离内部无序和外部敌人威胁的能力。在国家的保护下，人们可以获得相对安全和秩序，从而有了发展和繁荣的机会。

然而，建立主权国家以摆脱个人恐惧的自然状态的行为同时又会制造另一种国家间的自然状态，这就是世界政治中一种“安全困境”：通过建立国家来获得个人安全和国内安全必然伴随着源于国家体系无政府状态的国际不安全状态。用摆脱个人安全困境的办法不能摆脱国际安全困境，因为不存在建立全球国际或世界政府的可能性。主权国家不像原始自然状态中的个人，不愿为了任何全球安全保证而放弃自己的独立；虽然基于国家提供安全的功能，国际“自然状态”不具有国内“自然状态”那样的危险性，但这仍然是一个现实的或潜在的战争状态：主权国家间不存在永恒的或有保证的和平。在霍布斯看来，国家间也可以缔结条约以提供它们相互关系的法律基础。然而，国际法是由国家制定的，它只有在符合国家的安全和生存利益时才能得到遵守，反之，它就会被忽视。因此，像修昔底德和马基雅维利那样，霍布斯认为安全和生存是具有根本重要性的价值。

英国学者罗伯特·杰克逊等将上述三位思想家的现实主义思想的共同特征总结如下：第一，人类的国际生存环境是一种不安全的和冲突的状态；第二，人类具有处理安全问题的政治知识或智慧；第三，不存在最终摆脱这种人类状态的可能性，它是人类生活的永恒特征，即虽然人类具有政治智慧，但不存在对国际政治问题的永恒的或最终的解决办法。显然，他们的这些观点带有浓厚的悲观主义色彩，但他们对国际政治现实的洞察力却是深邃的，因而也就不难理解他们的思想为何在不同程度上为后世的现实主义者所继承。

第三节　现实主义流派的理论成就

第二次世界大战后，现实主义成为国际关系研究领域的主要理论范式和流派，一大批关注人类命运的思想家和学者先后为此做出卓越的贡献，包括社会学家和政治评论家马克斯·韦伯、历史学家和国际关系理论家 E. H. 卡尔、新教神学家莱因霍尔德·尼布尔、外交家和外交史家乔治·凯南、地缘政治学家尼古拉斯·斯拜克曼、国际政治学家汉斯·摩根索、决策者兼外交史家和战略分析家亨利·基辛格以及社会学家和国际关系理论家雷蒙·阿隆等。其中，20 世纪中期，E. H. 卡尔和汉斯·摩根索的理论贡献尤为突出。

E. H. 卡尔的现实主义国际关系思想集中体现在他 1939 年出版的《二十年危机》一书中。第一次世界大战后，不少人希望通过建立以国际联盟盟约为形式的国际规范和国际安全制度来避免大战的重演。卡尔认为，这是一种乌托邦主义思想，它源于 19 世纪经济学中的自由放任主义，把国家间利益的天然和谐当作普遍适用的原则。在卡尔看来，这种思想对“是什么”与“应该是什么”未加区分，将国家利益与国际社会的普遍道德准则混为一谈，忽视了现实国际政治中国家间利益冲突的存在，如战后就存在维持现状国家与不满现状国家之间的利益冲突，侈谈利益和谐实际上反映了拥有既得利益的国家的要求。“利益和谐论”还忽视了国际政治中权力的作用。卡尔指出：“政治在某种意义上就是权力政治。……权力总是政治中最重要的成分。”在权力与道德的关系问题上，卡尔认为两者应该进行协调，他对乌托邦主义者以空洞的道德掩盖维护既得利益者的本质和“纯粹的”现实主义者赤裸裸地追求权力而无法建立国际社会都进行了批评。卡尔在抨击乌托邦主义中所阐释的国际关系理论受到高度评价，被认为“为政治现实主义奠定了基础”。

美国芝加哥大学教授汉斯·摩根索是 20 世纪最重要的政治现实主义大师，他在 1948 年出版的杰出著作《国家间政治：寻求权力与和平的斗争》集现实主义理论之大成，最充分和系统地阐述了现实主义的基本假设和各种概念，迄今为止仍是美国大学国际关系学科长盛不衰的经典教科书。

摩根索在《国家间政治：寻求权力与和平的斗争》一书中提出作为其理论核心的政治现实主义六项原则，在此基础上将他的研究集中在权力或国家利益及其与道德原则的关系上，并进一步结合国际关系的实践阐述与国际和平相关的各种重大理论问题。摩根索的现实主义理论广博精深而又简洁通俗，其中至少包括以下内容：一是政治受到植根于人性的客观法则的支配。在 1965 年出版的《科学人与权力政治》中，摩根索进一步提出，人本质上是政治动物，他们生来就追求权力和享受权力的果实，这就是人类的“支配欲”。追求权力不仅是为了获得相对利益，而且是为了争取保护自己和不受别人政治支配的安全政治空间。这种安全政治空间最终来自独立的国家，离开国家就无安全可言。二是“以权力界定利益”的权力政治观，这是摩根索现实主义理论的核心。摩根索认为，个人权力意志适用于国家追求权力的本质，当个人追求权力的本性扩大至国家时，其追求权力的倾向就会表现得更加突出，力量也会变得更大。从该意义上说，国际政治的动因就是对权力的追求，这在国家行为上表现出人类战争和外交活动两种方式。同时，在国际无政府状态下，在一个主权国家争夺权力的世界里，生存是每个国家对外政策的最低目标和国家利益的核心，国家利益等于国家的生存，它包括“国家的领土、政治体制和文化的完整”。因此，国际政治就是各国追求权力的斗争，其本质就是追求国家利益——维护国家的生存和安全。一旦生存有了保障，国家便可追求次要的利益。但是在摩根索看来，追求对国家生存而言并非至关重要的国家利益常常导致国际冲突，如美国卷入越南战争就受到摩根索的批评。三是摩根索承认国际政治中道德因素的作用，但他同时认为道德制约与政治行为之间存在着不可避免的冲突。一方面，主权国家在追求利益时所遵循的道德，不同于普通人在处理人际关系时所遵循的道德，就像马基雅维利所指出的，政治伦理允许国家采取某些个人道德所不能容忍的行为；另一方面，抽象的普遍道德原则不适用于国家行为，“政治现实主义拒绝将特定国家的道德目标等同于支配一切的道德法则”，如果不加区别，某国就会以普遍道德之名来掩饰自己特定的目标和行为。四是国家权力是受制约的，除了受国际道德和舆论与国际法的制约外，摩根索还详细分析了均势的作用和局限。他认为，在一个无政府的、各国相互竞争的国际体系中，均势是制约权力最有效的方法，但均势的作用依赖于对该作用的国际共识。五是外交在维持和平中起着重要的作用。摩根索认为，国际政治就是在外交或战争的基础上协调国家利益的过程：“国家利益概念预先假设，所有国家追求国家利益的行为既不会造就一个自然和谐与和平的世界，也不必然导致战争。恰恰相反，这个概念假定，通过外交活动不断调整相互冲突的利益，就可以把持续不断的冲突和战争威胁减少到最低限度。”传统外交曾是调整国家利益的重要手段，虽然在 20 世纪其作用有所减弱，但摩根索主张要恢复外交的重要地位，通过它来促成和平和国际共识，在此基础上可以建立更为完善的世界政治制度。从以上简要归纳中可以看出，摩根索继承西方现实主义思想传统，结合欧洲国家丰富的外交实践经验，阐述了“规范性”现实主义国际关系理论。摩根索本人也因此被誉为“现实主义理论的创始人”。

第四节　新现实主义流派的兴起

经典现实主义者一般是历史学家、法学家或前外交官，他们在国际关系研究中所使用的是人文和历史的方法。这种方法植根于哲学、历史和法学，其特点是依赖于研究者的判断，被称为传统主义。20 世纪 60 年代开始，传统主义受到行为主义的挑战，遂形成西方国际关系理论发展中的所谓第二次大论战。行为主义者属于新一代的国际关系学者，他们通常受过政治学、经济学或其他社会科学的训练，或者熟悉数学等自然科学知识。行为主义者试图像自然科学家通过阐述客观的法则来解释物质世界那样，通过对收集到的经验数据进行分类、计量和归纳，证明研究者的预先假设，即科学地解释国家行为模式。行为主义者与传统主义者的区别是明显的。一方面，传统主义者将国际关系看作人类世界的一部分，关注政治家个人的作用及其在决策中所面对的道德困境，重视安全、秩序、自由和正义等基本价值，在他们看来，国际关系是一门宽泛的人文学科，不可能成为严格科学的或狭窄的技术性学问。另一方面，行为主义者并不关注道德的作用，因为道德中包含有价值，而价值是无法被客观、科学地研究的。传统主义被行为主义者批评为不够“科学”，而行为主义又被传统主义者指责为只是看到人类行为的外部现象或者其作用有限。

行为主义与传统主义的争论并没有分出高下，但行为主义倡导的实证主义方法对国际关系研究产生了重要影响，同时 20 世纪六七十年代国际领域出现的许多新现象需要人们去解释，在此背景下，所谓新现实主义学派应运而生。新现实主义的主要理论假设和观点与经典现实主义并无二致，如使用国际无政府状态的概念并把国家作为主要的国际行为体，关注无政府状态下国家体系的主要特征权力政治，并同样认为生存和安全是主权国家的基本国家利益等。但是，与经典现实主义强调基本的政治价值和决策者的作用不同，新现实主义主要从体系或结构的层次来分析国际关系，因而又被称为“结构现实主义”，这体现在其代表人物、美国哥伦比亚大学教授肯尼思·华尔兹的主要著作《国际政治理论》（1979 年出版）中。

华尔兹认为，国际体系的结构和行为体的权力分配是国际关系分析的重点，行为体本身并不是很重要，因为结构决定了行为体的行为。在华尔兹的结构理论中，国际关系的基本特征是国家间非集权的无政府结构，各国在其所有基本功能方面是类似的，即尽管在文化、意识形态或体制上存在差异，但国家单位履行着同样的职责，如征收赋税、推行对外政策等。它们的主要区别只在于它们各自的实力差异。华尔兹写道：“这样一种秩序中单位间的主要区别在于它们履行类似职责的实力大小的不同。……体系结构随着体系中诸单位实力的变化而变化。”这样，大国的兴衰及其相伴随的大国均势的变化决定了体系结构的变化，而导致这种变化的典型手段是大国的战争。因此，在华尔兹看来，决定国际体系结构变化的主要国家是大国；尽管国家间的均势是可以建立和维持的，但在一个无政府的国际体系中战争的可能性总是存在的。根据冷战中美苏对抗的现实，华尔兹进一步对两极和多极两种均势体系进行了对比分析，他认为两极均势更易提供稳定和安全，因为两个大国都愿意维持体系，而维持体系就是维持自身的存在。

可是，两极体系的结束并没有按照华尔兹所设想的方式发生，这就涉及华尔兹结构现实主义理论的一个问题：没有包括国内政治的理论，因而未能解释最终导致体系结构变化的单位层次上力量变化的真正原因。华尔兹试图为国际政治提供一种科学的解释，表现为所谓“价值中立”，但是在其理论阐释中他并不能避免使用经典现实主义的规范概念和假设。例如，华尔兹认为，所有国家只在正式和法律意义上是平等的，在实质或物质意义上是不平等的。但这仍然意味着某种主权国家平等的国际规范是存在的，在国际关系中，所有国家无论大小都应该遵守它。因此有人认为，新现实主义与经典现实主义的区别并不如华尔兹所声称的那么大。

新现实主义对经典现实主义的发展使它在20世纪70年代的国际关系理论界独领风骚，虽然其很快就受到新自由主义的挑战而形成第三次大争论，但它的影响是持久的。但是在冷战结束之后，由于对两极结构的解释力和其他局限，新现实主义的地位有所下降，人们回到经典现实主义去解释冷战后世界的趋向在加强。

第五节　对现实主义理论流派的评价

理论产生于社会实践，反过来它又服务于社会需要。现实主义在国际关系研究领域居于主流理论范式地位而经久不衰，首先是因为它适应了这种需要。从现实主义传统来看，马基雅维利写作《君主论》的目的是为了给意大利城邦的统治者提供治国指南，霍布斯的《利维坦》所阐述的主权国家学说无疑奠定了专制主义国家的理论基础。同样，如前所述，现实主义在20世纪中期形成自己的理论体系并支配着国际关系研究，是与二战后的美苏冷战现实分不开的，摩根索和其他现实主义者的“权力政治”观是美国政府推行“遏制政策”的理论根据，而华尔兹的新现实主义则论证了两极冷战结构的合理性。因此，美国的决策者如亨利·基辛格和兹比格涅夫·布热津斯基等毫不讳言他们是现实主义者，“美国的外交政策向来受现实主义逻辑支配”。

值得一提的是，冷战结束后，美国芝加哥大学教授约翰·米尔斯海默在其新著《大国政治的悲剧》（2001年出版）中将经典现实主义的权力政治理论和新现实主义的结构理论结合起来，提出所谓“进攻性现实主义”。米氏认为，在一个没有超国家权威来保护国家相互安全的世界里，大国主要考虑如何生存，而权力是其生存的关键，即无政府国际体系迫使大国最大化地扩充其相对权力，因为这是获得最大安全的最佳途径。这种对国家追逐权力的动因的解释区别于摩根索等经典现实主义者的解释，后者认为其动因是源于人类本性的国家内在的权力欲望（因此经典现实主义被米氏称作“人性现实主义”），但类似于华尔兹结构现实主义的解释，因此米氏称自己的理论也是一种“结构理论”。但是在结构现实主义理论中，国际结构的性质促使大国维持现有的均势而“几乎不为国家提供任何寻求权力增长的诱因”，这一观点符合冷战时期两极格局的稳定性，但米氏认为国际政治中几乎看不到维持现状的国家，因为“国际体系为国家牺牲对手以获得权力创造了巨大的诱导因子，当利益超过成本时，它们就会抓住这一机会。一国的终极目标是成为体系中的霸主”，大国是“无情的追逐权力者”，从而导致大国冲突的悲剧，这一命题又使米氏的“进攻性现实主义”与经典现实主义并无二致。

实际上，与其说米尔斯海默对现实主义原理有什么发展的话，毋宁说他对冷战后美国霸权的现实解释更令人感兴趣。米氏认为，由于大洋阻遏造成的军事技术上的困难，大国的最终目标只能是追逐地区霸权而不可能形成全球霸权，美国则是现代历史中唯一获得这种地区霸权的国家。然而，米氏的根据似乎并不充分，在别人看来美国“是一个不折不扣的全球霸权主义者”。至于米氏借鉴英帝国的历史，将所谓“海外制衡者”（Offshore Balancer）作为美国的战略选择，似在为美国维持其冷战后世界中的单极霸权地位提供理论依据；而按照其所谓“进攻性现实主义”的逻辑演绎出21世纪崛起的中国“将比20世纪美国面临的任何一个潜在霸权国都更强大、更危险”的结论，客观上为“中国威胁论”披上了一件学术的外衣，不可能不在某种程度上对美国决策圈内外奉行新保守主义思想的人产生影响。

现实主义理论的长期影响还来自它的学理价值。尽管现实主义理论本身经历了一个不断发展的过程，但是所有对它的改进、阐释、增添和研究方法的创新基本上没有触动它的核心假设，这不仅折射了严肃的现实主义学者对国际关系本质探讨的认真严谨态度，而且反映了这一理论的“现实性”：它力图解释真实的世界而不是理想的世界。因此，美国著名国际关系理论家肯尼思·W. 汤普森坚持道：“由于冷战时代寻求权力的斗争一直在进行，在后冷战时代只是有了不同的特点，所以很少有人会对现实主义的信条是否与国际关系的事实相符合提出质疑。”属于英国学派的罗伯特·杰克逊则写道：如果世界政治的结构一直建立在主权独立国家的基础上，而一些强国对最重要的国际事态的发生负有更大的责任，那么显然，现实主义将继续是一种重要的国际关系理论；只有当出现放弃主权国家和无政府国家体系的历史变革时，现实主义才会过时。然而，“在可见的将来，那似乎是不大可能的”。

现实主义是一种有价值的理论范式，它的若干基本观点为其他一些国际关系理论派别，如新自由主义、英国学派等所采用。但是，现实主义理论存在自己的缺陷，不仅它的研究方法受到视野狭隘、视角单一的批评，而且它的基本假设在不同程度上也受到挑战：（1）现实主义强调人性恶的一面但忽视了人性中合作的一面，因而重视国家间冲突而忽视它们之间的利益协调和合作的程度；（2）忽视除国家之外的国际行为体，如非政府组织、跨国公司和个人在国际关系中的作用，未能对世界的变化做出充分的解释；（3）强调权力政治而忽视国际规范和国际法对国家行为的作用；（4）认为国际关系的本质自古以来没有发生变化因而未能洞察国内社会经济结构的嬗变对国际体系性质的影响，还将国际政治与国内政治分离开来因而不能充分解释一国对外政策的根源；（5）忽视经济因素在国际关系中的作用等。这些批评及其引起的争论同样是有价值的，有助于人们全面地理解现实主义的观点和多视角地认识西方国际关系理论的发展。

第三章　科学行为主义学派及其影响

科学行为主义是20世纪五六十年代国际关系理论领域的主角，也是国际关系理论发展历程中的一个重要阶段。在国际关系理论的大本营美国，“在20世纪60年代，美国大部分国际关系专业的大学生都接受的是科学行为主义的方法培训，而反映这种培训的方法论至今也没有弱化它的地位”。作为国际关系理论的研究人员，如果对科学行为主义一无所知或知之甚少，就不可能准确把握国际关系理论发展的基本线索和脉络，不可能真正理解当代西方国际关系理论的渊源所在与研究方法。当代国际关系理论界著名学者阿伦多·立派特认为，科学行为主义向传统主义的挑战代表着一种“范式危机时代”的来临。尽管在这个阶段并没有实现或确立国际关系理论新范式，但突破是创新的前奏，它为此后新现实主义和新自由主义等新范式的创立开辟了道路。科学行为主义在国际关系理论发展史中所处阶段同当代中国国际关系理论的发展阶段有一定的相似之处：两者都面临着破旧立新的任务和使命。探究前者如何实现的“范式突破”对于我们学科的自主建设与创新将有不少的启示。同时，科学行为主义阶段还是国际政治理论研究方法异常丰富的阶段，多种科学方法的综合运用对国际政治理论的科学化与完善起到巨大的催熟作用。当前，中国的国际政治学科发展还不成熟，所面临的一个重要问题是研究方法的相对贫乏和简单，应如何丰富我们的方法？科学行为主义已经指明一条很好的道路，对它进行深入的探究有利于丰富我们的研究方法。

第一节 科学行为主义流派的产生背景

第二次世界大战结束后，国际政治理论经历了一场关于方法论的革命，学术界将其称为行为主义革命。进入20世纪60年代后，国际关系格局发生新的变化，第三世界不断壮大，原有的两极体系趋于多极化，相互依赖关系有所加强，旧时的权力政治学单一模式已远远不足以反映纷繁复杂的新的国际关系格局。与此同时，科学技术飞速发展，有力地促进了国际关系学方法论的变革和现代化，导致自然科学的若干研究方法对国际政治理论领域的渗透。在此期间，国际政治理论领域占支配地位的现实主义学派进一步衰弱，新的研究方法正是从别的社会科学和自然科学领域进入国际政治理论研究领域。

科学行为主义学派把政治理想主义和政治现实主义称为“传统的”或“古典的”的理论，自诩为“科学的”理论，反对现实主义和理想主义的历史、哲理的规范研究方法，提倡实证的或实验的研究方法。其主要从两个方面对现实主义进行尖锐的批评：一是现实主义过分强调权力的作用，视之为国际关系的核心，忽视了伦理、道德、法律等重要因素；二是现实主义在界定权力、国家利益、均势等概念时缺乏精确性。在批评现实主义的基础上，其极力运用新的科学的方法研究国际关系，提出实证理论和行为模式，力求使国际政治理论研究更加“清晰化”“精准化”和“科学化”。目前，中国国际关系理论学界对科学行为主义的研究颇显不足。总体上看，介绍多，评析少；整体评价多，个案分析少。这种研究形式同科学行为主义在国际政治理论中的地位和影响是极不相称的。

在西方国际关系理论学界，卡尔·多伊奇是科学行为主义的主要代表人物之一，被称为“科学行为主义首席革命家”。作为14本书的著者或合著者，以及数百篇论文的作者，他的两本著作《政府的神经》与《国际关系分析》集中体现了他的理论精髓——科学行为主义三论。

多伊奇对他的《政府的神经》一书最引以为豪，在这本涵盖面甚广的著作的内容简介中，多伊奇指出，他将之建立在对许多沟通与控制的系统的比较研究基础之上，这些系统范围从电子计算机到生物学与神经系统再到人类组织与社会。此书最突出地体现了其行为主义特色。在《国际关系分析》一书中，多伊奇总结归纳了其对国际关系基本问题的看法和研究方法，是他研究国际关系问题的成果汇总。研究多伊奇的科学行为主义，这两本书无疑是最佳选择。其基本特点包括：第一，以沟通论为纽带将国际政治同国内政治结合起来；第二，国家和国际关系的动态变化与进化思想；第三，独具特色的和平研究；第四，鲜明的“行为主义”研究方法等。其优点在于：第一，突破了传统现实主义的研究范式，在一定程度上弥补其不足之处，推动国际关系理论的“革命”；第二，以动态、进化的视角看待国际关系问题的正确性与科学性；第三，创建了国际关系研究的先进模型——沟通理论；第四，较中立客观的价值取向等。在总结其理论优点的同时，我们也不可忽视其缺点的存在，譬如对国际关系本质问题的研究深度不够、对国际关系的特性重视不够存在一些模糊甚至矛盾的论述等。多伊奇的科学行为主义产生的影响是深远的，科学行为主义三论对国际关系理论发展产生了重要作用，他以实证和模型为主特色的研究方法至今仍影响着世界范围内的国际关系学研究。

第二节　科学行为主义流派的代表人物及主要观点

科学行为主义的主要代表人物是卡尔·多伊奇、莫顿·卡普兰、戴维·辛格和海沃德·阿尔克等。

一、卡尔·多伊奇（1912—1992 年）

卡尔·多伊奇是该学派最具代表性的人物，专门从事战争与和平、民族主义、合作与交流方面的研究，他因将计量方法、系统分析和模型思维引入政治学与社会学领域而著称，也是20世纪最著名的社会学家之一。他1912年7月21日出生于捷克首都布拉格，这座城市当时是奥匈帝国的一部分，一战之后奥匈帝国瓦解，他成为一名捷克斯洛伐克的公民。多伊奇的母亲玛利亚·利奥波尔迪纳·沙尔夫·多伊奇是一名社会民主党党员，也是第一位被选入捷克斯洛伐克国会（1918年）的女性，她因反抗纳粹而出名。多伊奇的父亲马丁·莫里兹·多伊奇在布拉格的瓦茨拉夫广场拥有一家眼镜店，且在捷克斯洛伐克社会民工党中很活跃。多伊奇的叔叔朱利叶斯·多伊奇是奥地利社会民主党中一位重要的政治领袖。

卡尔·多伊奇在布拉格的德国大学学习法律，并于1934年毕业。由于明显的反纳粹的立场，他遭到支持纳粹的学生们的反对，因而未能继续深造。1936年多伊奇同卢兹·斯洛尼茨结婚，之后在英国度过了两年，回到布拉格之后，由于他之前从事反纳粹活动，他无法再回到德国大学，于是去了查尔斯大学（并于1938年获得国际法与教会法的博士学位。同一年，由于《慕尼黑协定》允许德国部队进驻苏台德地区，多伊奇与妻子在去美国旅行之后决定不再回到捷克斯洛伐克。1939年多伊奇获得奖学金并在哈佛大学进修，并于1951年获得自己的第二个政治学博士学位。

在第二次世界大战期间，多伊奇为战略情报局工作，1945年参加旧金山会议，联合国于此次会议上诞生。多伊奇于1943—1956年在麻省理工学院执教，1956—1967年于耶鲁大学执教，1967—1982年在哈佛大学执教，此后他在哈佛大学作为斯坦菲尔德国际和平教授直至于1992年11月1日逝世。

多伊奇在控制论与将仿真和系统动力学模型应用到社会和政治学方面有着广泛的研究，并以“奇怪问题”而著名。他在学术界提出安全共同体等新概念。

卡尔·多伊奇还担任了其他几个很有名望的职位：他从1984年起成为在瑞士苏黎世成立的世界社会基金会的委员会成员，1969年被选为美国政治学协会会长，1976 年担任国际政治学协会会长，1983 年担任一般系统调查协会会长，1977—1987 年担任设在柏林的社会科学研究中心主任。

卡尔·多伊奇的主要理论贡献是他从科学行为主义的视角系统地提出一体化理论、沟通理论和博弈理论，学术界称之为科学行为主义三论。他认为，一体化的基本特征是在“一个整体的构成部分中间形成相当程度的相互依存”，这是相互依存的单位之间的一种特殊关系。一体化具有四个方面的要素：区域、范围、幅度和力度。一体化肩负的目标是在地区或全球层面建立一体化、功能性的体系，它们肩负着四个方面的任务——维持和平、获得更大收益、促进社会进步、实现新的自我印象。一体化的主要形式是政治一体化和经济一体化。在研究一体化的过程中，多伊奇还特别生动地运用了沟通理论。他认为，沟通理论与控制论和信息论密切相关，是关于事物之间信息传递的过程及其规律的科学。随着战后全球范围内相互联系、相互依存的趋势日益明显，多伊奇把控制论中关于沟通的原理引入对国际一体化的研究，与现实主义的国家利益论对弈。此外，多伊奇还摒弃了现实主义流派关于国际关系理论与其他学科之间只存在本质上区别的看法，认为随着各学科相互渗透现象的发展和一系列边缘学科的不断出现，国际政治理论与其他学科的主要区别已不再是本质上的区别，而是数量上的区别，运用其他学科的某些原理和方法来研究国际关系是完全必要和可能的。

二、莫顿·卡普兰（1921—　）

莫顿·卡普兰是美国芝加哥大学国际政治学著名教授、国际系统模式的创始人之一。他 1921 年 5 月生于费城，1943 年在宾夕法尼亚州坦普尔大学获硕士学位，1951 年在哥伦比亚大学获博士学位，1951—1956 年间先后执教于俄亥俄大学、哈弗福德学院、布鲁克林学院。1956 年任芝加哥大学国际关系委员会主任，是国际政治科学协会和伦敦国际战略研究所的成员。卡普兰的理论探索是多方面的：国际法、国际体系、对外政策、社会学、共产主义运动等，但其最有影响的是系统理论，又称系统论。卡普兰对国际关系学的贡献在于提出系统理论。他的主要著作有：《国际政治的系统和过程》（1957 年）、《世界政治的革命》（1962 年）、《国际关系的新研究方法》（1968 年）、《孤立还是相互依存》（1975 年）、《实现国际关系理论的专业化——宏观分析》（1979 年）。在代表作《国际政治的系统和过程》中，作者把系统理论这一新方法引入国际关系研究之中，系统分析了各种国际体系的特征、结构和作用，提出国际体系的六个模式，被称为“卡普兰六模式”，即（1）均势体系，指 18 世纪至 20 世纪初的均势格局；（2）松弛的两极体系，指战后初期的两极格局；（3）牢固的两极体系，指 20 世纪 50 年代和 60 年代的冷战对峙；（4）环球体系，指 20 世纪 60 年代末至今的世界多极趋势；（5）等级体系，指大国称霸的局势；（6）单极否定体系，指出一国的威慑力量足以影响和阻止别国行为的情势。此外，他还为每个体系模式设计了五套可用于计量和测定的内容——基本原则、变换原则、行为者类型因素、实力因素和信息因素，这些内容为体系理论提供了最优标准和依据。在六模式基础上，卡普兰又引出若干分体系——异常松散的集团体系、缓和体系、不稳定的集团体系和不完全的核扩散体系，并为每个体系模式设计了五个方面用于计量测定的内容——基本规则、变换思维、角色变数、实力测量和信息因素。

卡普兰在探索体系问题时还注意与一体化过程、价值理论和策略理论结合起来进行综合研究，其中价值理论是核心。价值理论涉及价值与行为的关系、价值与体系目标的关系。以卡普兰和多伊奇为代表的科学行为主义学派认为，价值可分为八个方面的内容：财富、权力、福利、尊重、正直、知识、技能和感情，并表现为安全、自由、完整和民族尊严。卡普兰据此大胆提出：“国家利益包括价值，而非权力。”

三、戴维·辛格（1925— ）

戴维·辛格是西方著名国际关系理论家、美国密歇根大学政治学教授、科学行为主义学派的主要代表人物。1961年，他首次发表长篇论文《国际关系的层次分析问题》并一举成名，后来这篇论文被同时收入由克劳斯·诺尔主编的《国际体系论文选》和由詹姆斯·罗森诺所编的《国际政治和对外政策》两本书中。在这篇文章中，辛格大胆地采用层次分析的方法来研究国际关系。他认为，国际关系是一个有机联系的整体，参与国际关系的诸行为者和诸种因素的交互作用是在不同层次进行的，只有对纷繁复杂的国际关系进行层次分析，才能深入发掘国际关系的本质特征。在此基础上，辛格批判了权力现实主义学派，认为它的弊端在于只讲权力政治，把国际政治和对外政策错误地混为一谈，并提出：应该把国际政治与对外政策加以区分，因为国际政治是以国际系统作为分析层次，而对外政策则是以民族国家作为分析层次的。上述两个层次既有关联，又有差别，相辅相成，缺一不可。辛格宣称：他所倡导的这种层次分析法是迄今为止“最有效的国际政治研究方法”。对于辛格的这一开创性研究，西方学术界给予了很高的评价，认为是“开拓性的成就”，是“国际系统研究的催化剂”，“对国际关系产生了深远影响”。辛格的主要著作有：《威慑、军备控制和裁军》（1962年）、《人的行为和国际政治》（1963年）、《计量国际政治》（1968年）。主要论文有：《国际关系的层次分析问题》（1961年）、《国家间的影响——一种外形模式》（1963年）和《国际关系学的行为科学研究方法：决定因素及其前景》（1966年）等。

鉴于国际政治理论的传统研究方法易使国际系统和对外政策混为一谈，辛格能打破传统，此举意义非比寻常。此外，辛格还提出一种新的研究方法：影响理论。这是从权力出发，研究“国家之间相互影响、相互作用”的一种理论，实际上是层次分析的外延和补充。

四、海沃德·阿尔克（1937— ）

海沃德·阿尔克是著名国际政治理论学者、美国南加州大学国际关系学院教授。他1937年10月出生于纽约市，1959年毕业于麻省理工学院数学专业（获学士学位），1960 年毕业于耶鲁大学（获硕士学位），1963 年获政治学博士学位。

阿尔克对科学行为主义方法所做的贡献主要表现在他提出“数学取向的政治学”，即数学政治学，其基本内容包括：（1）数学政治学是一种实证性、数学分析的范式组合；（2）数学政治学与模式选择转换有关；（3）强调政治分析方法的实践；（4）认为规范取向的政策科学化有难度，但不是不可能的；（5）数学政治学的研究范式可能部分或全部地根植于政治学以外的领域；（6）数学政治学是国际关系理论中“科学革命”的反映。阿尔克所列举的有关数学政治学的主要研究范式包括：因果分析、心理逻辑、组织过程、控制论、公共得益论、得益/代价分析、社会沟通、机构功能、博弈论、冲突论、地区一体化、外交决策、事件分析和战略研究等。这些范式涉及国际关系的众多研究领域。阿尔克强调，他对范式的研究方法是基于本体论、认识论和学科论之上的科学方法。罗伯特·基欧汉曾称，阿尔克对反映论的形成和发展起了重要作用。

第三节　对科学行为主义流派的评价

科学行为主义的主要贡献是为国际政治理论带来“方法论的革命”。科学行为主义学派强调国际政治理论是一种跨学科的研究，主张在研究中不仅运用政治和历史的传统方法，而且运用应用性社会科学和自然科学的方法，理念上是科学取向，以“数据、计量、精确”为特征，不断开拓研究方法的深度和广度，促使一些新的研究方法，如沟通论、控制论、博弈论、决策论、层次分析、体系分析等应运而生，“对国际政治理论的研究方法产生了深刻的影响”。它在方法论上的变革推动了西方国际关系学的发展，科学行为主义者的积极倡导和不断创新使美国的国际关系学在 20 世纪 60—70 年代出现一个研究方法百花齐放的活跃局面。它与传统主义学派的分歧主要表现在：一是科学行为主义注重国际关系的数量变化，把国际关系的一切活动看成一个个参数和变量的总和，认为国际关系研究正趋于计量化；二是在具体方法上，科学行为主义学派强调数据的收集、整理和分析，着重于行为经验的实证研究。

然而，科学行为主义理论的缺陷也是显而易见的，它远远没有达到现实主义传统理论那样成熟的程度。有的学者在借用数学、统计学、计算机科学和模型学等手段和方法时，故弄玄虚，越搞越使国际政治理论数理化，难怪批评者指出，科学行为主义学派要把国际政治理论变成只有少数人才懂得的学术领地。科学行为主义向传统主义的挑战代表着一种“范式危机时代”的来临。尽管这个阶段并没有实现或确立国际关系理论新范式，但突破是创新的前奏，它为此后新现实主义和新自由主义等新范式的创立开辟了道路。科学行为主义在国际关系理论发展史中所处阶段同当代中国国际关系理论的发展阶段有一定的相似之处：两者都面临破旧立新的任务和使命。探究前者如何实现“范式突破”对于我们学科的自主建设与创新有较大的启示。同时，科学行为主义阶段还是国际关系理论研究方法异常丰富的阶段，多种科学方法的综合运用对国际关系理论的科学化与完善起到巨大的催熟作用。尽管近年来中国的国际关系理论研究有了巨大进步，但它作为一门独立的国际政治理论学科还不成熟，特别是在面临百年未有之大变局的形势下，中国的国际政治理论要想形成自身的研究体系，还需要学界付出艰苦的努力。

第四章　传统主义流派及其影响

传统主义政治学的历史渊源可追溯到古希腊。柏拉图在《理想国》中对“正义”的讨论、亚里士多德在《政治学》中对“最高美德”的追求，奠定了政治理论早期形态以伦理为核心的基础。此后，无论是中世纪以上帝为核心的神权政治论，还是文艺复兴、启蒙运动以权利或权力为核心的自然政治论，浓厚的道德哲学色彩加上思辨式语言和演绎解释方法的运用，始终是政治学理论研究的基本特征，并且直接影响了现代意义的政治学的产生和发展。19 世纪末 20 世纪初，现代意义的政治学首先在美国发展起来。它在创立时虽然受到科学主义思潮的影响，但仍带有古典政治学研究的深深烙印。传统主义学派主要是从政治现实主义流派分化而来的，它既保留了自己理念母体的特征，又从政治理想主义流派中吸取了某些有用的东西。它不像现实主义那样突出“权力”和“国家利益”，而较为重视“均势”和“世界秩序”。

第一节　传统主义理论流派产生的背景

进入 20 世纪 60 年代以后，在国际政治理论界的科学行为主义学派不断发起理论攻势的同时，另一批自称“捍卫传统的现实主义理论”的学者则摆出阵容，积极应战。他们指出，传统学派的研究方法仍然是有用的、重要的，哲学、历史学、法学仍然应该是国际政治理论研究的基础，现实主义的研究方法细致、精确且富逻辑性。他们批评科学行为主义过分强调实证而忽视了哲学、历史和伦理的因素。传统主义学派与科学行为主义学派展开了一场激烈的论战，并且在长达 10 年的时间里，传统主义者对科学行为主义的研究方法进行了严肃的批评。他们的主要观点包括：政治学的要旨与物理学的要旨不同，科学知识可运用于事实，而理解、智慧和本能只能运用于人类关系的研究；主张科学方法的人往往把方法误解为现实；科学方法要求高度的可测性和精确性，因此难以对付国际政治中最有变动的成分。

一般认为，传统主义政治学具有一些基本的、共同的特征。在研究的对象上，以国家为主题，将政治学等同于国家学。美国早期政治学家 J. N. 加纳就认为政治学从头至尾是研究国家的科学，包括研究国家的起源、性质、分类，政府的结构及类型，宪法的条文及类别，重点是研究国家的政治制度及其比较。在研究方法上，注重政治哲理和政治历史的分析。具体方法有：历史研究法，即按编年史的方法对大量的历史事实加以整理和分析，根据丰富的史料描述某一政治制度的产生、发展和变化，目的在于找出各种历史事件的因果关系，并据此推断未来的发展趋势。规范研究法，即从某种价值观出发，以道德规范为评价标准研究政治现象，研究的目的在于为人类提供政治发展的方向，把握政治与国家关系的实质和政治运动的规律。规范研究是政治哲学和政治理论的重要工具。法律研究法，即主要从分析和解释法律条文着手，致力于探讨由宪法、法律所规定的国家性质及活动过程，有关公民的权利与义务，以及立法机关、司法机关和行政机关的正式权力的法律条款的详细内容。制度研究法，即侧重于描述当时的政治制度与过程，并对不同的政府机构、国家制度、政体形式加以比较分析。所有研究方法都以演绎推理为主，试图通过逻辑分析寻找一般理论，基本无定量方法的运用。许多传统主义政治学家对科学方法在政治学中的使用表示怀疑，不相信政治学可以具有自然科学的精确性，甚至拒绝使用“政治科学”的概念。在研究目的上，试图解释国家，依据哲理分析推论价值和道德标准，并提供理想的政治模式。

第二节　传统主义理论流派的代表人物及主要观点

该学派的主要代表人物包括英国的马丁·怀特、美国的英尼斯·克劳德、肯尼思·华尔兹和斯坦利·霍夫曼等。

一、马丁·怀特（1913—1972年）

马丁·怀特1913年出生于英国布莱顿市，父亲是医生，家境尚可，1935年毕业于牛津大学，专业为现代历史。毕业后在英国皇家国际事务研究所工作至1949年，其间参与了该所《国际事务观察》的工作，之后还在联合国工作了一年。马丁·怀特在33岁时就写成《强权政治》一书，显示出其学术才华。1949年，他应查尔斯·曼宁的邀请到伦敦经济学院讲授国际政治理论，正是在那里，他运用历史的哲学的方法提出著名的“三R”理论，即国际政治理论的“三个传统”：现实主义、理性主义和革新主义。1961年，怀特离开伦敦经济学院回到故乡布莱顿，在萨塞克斯大学的欧洲研究学院从事国际政治理论的研究和教学工作，他还为建立英国国际政治理论委员会做了大量工作，付出巨大精力。马丁·怀特的主要著作有《立法委员会的发展：1606—1945》（1946年）、《对非洲的态度》（1951年，合著）、《英国殖民宪法》（1952年）等。怀特英年早逝，在他逝世后，他的学生编辑整理出版了他的两部遗著《国家体系》和《权力政治》。

马丁·怀特的学术创作分为三个阶段：一是第二次世界大战前，他重点研究历史问题；二是第二次世界大战后，他开始关注第三世界欠发达国家问题；三是从1949年起，他在《权力政治》小册子的基础上，用深邃的分析总结了战后国际政治的基本问题，如权力、国际无政府状态、国家利益、均势、缓冲地带和联合国等。

马丁·怀特的《权力政治》是“对国际政治定义和概念的重大贡

献”。他提出权力政治是指“权力国家之间的关系”，即大国地位的得失要靠战争的暴力；中等国家的地位则靠大国的善意；小国的地位依靠的是中立政策，仅追求有限的利益，在夹缝中求生存。从这个意义上说，国家政治就是“关于生存的理论”。怀特的另一个理论贡献是他关于西方国际关系价值标准的论述。在论文中，他深入探讨了西方价值标准在国际关系中的地位问题。他认为，价值是指一种长期形成的观念模式，其核心部分是“宪政传统价值”。国际关系价值主要表现在四个方面：国际社会的规范准则、国际秩序共同标准、反映国家之间相互依存的干涉原则和国际道德观念。怀特的价值观为国际政治学提供了“一个规范基础”。

二、英尼斯·克劳德（1922—　）

英尼斯·克劳德是西方国际政治理论方面的著名学者，生于1922年9月。早年就读于哈佛大学，1947年和1949年分别在哈佛大学获得硕士、博士学位。此后，曾先后在哈佛大学、密歇根大学和弗吉尼亚大学任教，并在1962—1971年间兼任美国国务院顾问。此外，克劳德还曾担任《国际组织》《政治学季刊》《国际法》等杂志的编委，主要著作有：《少数民族：一个国际性问题》（1955年）、《化剑为犁——国际组织的问题和进展》（1959年）、《权力与国际关系》（1962年）和《变化中的联合国》（1967年）。此间，他因成功运用“传统和现实相结合的方法”研究国际关系而获得美国政治学协会颁发的“1963年科学奖”。克劳德在其《权力与国际关系》一书中，围绕权力详细地分析了国际关系中的三个基本概念：均势、集体安全和世界政府。他在书中指出：就权势集散程度而言，均势表示权力的分散；集体安全则是权力的部分分散；世界政府则代表了权力的集中。他认为，均势理论是关于“现代国家制度的传统概念”，是历史现实的反映；世界政府只是一种理想的目标；集体安全介于两者之间。他由此断言，无论怎样，国际关系必须经过“均势—集体安全—世界政府”这三个重要阶段。正是由于克劳德对国际关系进行了这些研究，其《权力与国际关系》一书被誉为传统现实主义的一部重要代表作。

1988年出版的《国家与全球体系：政治、法律与组织》是克劳德的又一部力作。他强调此书的主题是“关于主权与体系的关系”，书中所收集的他1966—1986年间发表的14篇代表性论文进一步发展了他《权力与国际关系》中的基本思想。当年他在书中曾提出“均势、集体安全、世界政府”三个概念；20年后经过反思，他认为过去的看法“过于理想化”了。他写道：“直至有充分证据说明以国家为中心的全球体系消失之前，我们还需尽力用国家来维护国家间的秩序，尽管这一任务是困难的。”他宣示：“作为一位国际政治学专家，我一直相信，我们的首要工作是研究那些构成世界的重要的政治、法律和行政单位。”他还强调，政治不仅是一种追求权力的斗争，而且是一种关于合法性的角逐。克劳德这些反映传统理论的关于国家与世界体系的真知灼见已经引起学术界的重视。

三、肯尼思·华尔兹（1924—2013年）

肯尼思·华尔兹的名字也被翻译为沃尔兹，他1924年6月8日生于美国密歇根州安娜堡，1950年和1954年在哥伦比亚大学分别获得政治学硕士和博士学位，并先后在哥伦比亚大学、加州大学伯克利分校等任教。曾担任美国对外政策委员会委员、美国政治学会会长等职，并荣获“詹姆斯·麦迪逊政治科学杰出学术贡献奖”。1994年退休，为加州大学伯克利分校政治学系终身荣誉教授。2013年5月13日逝世，享年89岁。其主要著作有：《人、国家与战争——一种理论分析》（1959年）、《对外政策和民主政治》（1967年）、《国际政治的冲突》（1971年）、《国际政治理论》（1979年）、《使用武力》（1983年）和《核武器的扩散：一场辩论》（1995年）等。此外，华尔兹还撰写了许多有影响的论文，如《政治哲学与国际关系研究》（1959年）、《康德、自由主义和战争》（1962年）、《两极世界的稳定》（1964年）、《和平政治学》（1967 年）、《国家相互依存的神话》（1970 年）、《国际关系理论》（1975 年）、《相互依存的理论与实践》（1979 年）、《和平、稳定与均势》（1988 年）、《现实主义思想与新现实主义理论》（1990 年）、《新世界秩序》（1993 年）、《国际政治的新结构》（1993 年）、《国际政治不是对外政策》（1996 年）和《评估理论》（1997 年）。

华尔兹在理论上最突出的贡献是其在 1979 年出版的《国际政治理论》一书，该书自出版以来便被誉为“当代经典”，是当今国际政治研究领域影响最大、引用率最高的著作之一。集中体现华尔兹传统主义观点的则是他于 1959 年出版的《人、国家与战争——一种理论分析》。此书是在他的博士论文《人、国家与国家系统——关于战争根源的理论》的基础上写成的，是一部关于国际冲突——战争的理论性相当强的专著。作者围绕“战争的主要根源是什么”这个核心问题，提出著名的关于战争根源的三个概念：人的本性和行为；国家内部结构问题；国际无政府状态的存在。华尔兹进而指出，当今世界上最迫切的任务就是“要找出国际冲突——战争的根源，然后有的放矢地加以医治和防止”。

他提出的解决方案是：（1）冲突和战争与人的本性密切相关，战争源于人的自私、愚蠢和误导的冲动。华尔兹认为，只有改变人的私念、恶性和权欲，才能避免战争，所以“恶是根源，爱是药方”。（2）国家的内部结构是了解战争与和平的关键。华尔兹认为：“国家的弊病导致国家之间的战争。”他进而指出：为什么有的国家要打仗？因为战争可以为它们提供增加税收、维持官僚制度和控制民众的借口。他的结论是：“和平与战争分别是好的国家和坏的国家的产物。”因此，要防止战争就必须从改造国家着手，在这方面，他认为马列主义关于改造私有制、变革国家制度的思想是可取的。华尔兹还特地引用了毛泽东等中国领导人的语录：“只有一个办法，那就是用战争反对战争。”“必须清除坏的国家，好的国家才能生存于和平之中。”（3）人性恶，国家坏，固然会导致战争，但还不是问题的全部，即使是好的人和国家，有时也会动武。因此，一定还有另一个重要原因——战争之所以会发生，是因为没有可以防止它的东西。至今世界上尚无一种能防止武力和战争的跨国权威组织，这是人类的悲剧。华尔兹还敏锐地触及社会主义国家之间也会兵戎相见的可能性。他预见到十年以后发生的事情，主张成立世界政府，而在这一目标实现之前，应尽力维持均势，因为权势不均对强国和弱国而言都是危险的，只有维持均势，各国的安全才有保障。“无政府状态是根源，世界政府是药方。”

华尔兹上述三个概念各有侧重，但紧密相连，而这三个概念加在一起，就构成国际关系的完整图像。可见，华尔兹在《人、国家与战争——一种理论分析》中基本上运用了现实主义的观点，但在分析结论时却明显带有理想主义的色彩。拾起现实主义和理想主义两派的有用武器，对科学行为主义应战，这表明了传统主义的一个显著特点。当然，由于受到阶级立场的局限，尽管华尔兹崇尚马列主义，但仍不可能对战争的本质、根源（历史的、阶级和社会的）做出客观的分析，他的基本观点是历史唯心主义的。

战后，现实主义学派又经历了传统主义和新现实主义的发展。当然，传统现实主义和新现实主义并没有对现实主义做根本的修正，但是也没有因循守旧，而是有所创新。华尔兹本人就经历了从传统现实主义到新现实主义的转变。他的早期著作《人、国家与战争——一种理论分析》是关于传统现实主义的重要代表作之一，而后期（20 世纪 70 年代末）的《国际政治理论》则是关于新现实主义最早的一部代表作。所以，西方学者称华尔兹的成就“不同凡响”。这两部著作至今仍是美国大学里国际关系专业最重要的教学参考书。

四、斯坦利·霍夫曼（1928—2015 年）

斯坦利·霍夫曼 1928 年出生于维也纳，在巴黎和尼斯（法国南部港口城市）度过了他的童年时光。1947 年加入法国国籍，就读于巴黎政治学院，1952 年在哈佛大学获得政治学硕士学位，后获得博士学位。1968 年，霍夫曼在哈佛大学创建了哈佛大学欧洲研究中心并担任主任。

霍夫曼的学术生涯主要在美国展开，他从 1956 年起在哈佛大学任教（除 1966—1967 年在斯坦福大学任教），任哈佛大学西欧研究中心主任，并先后兼任美国对外关系委员会委员、美国政治科学学会理事、美国艺术科学学院院士等。斯坦利·霍夫曼是美国现实主义代表人物沃尔弗斯和法国现实主义大师阿隆的学生，他特别推崇阿隆的理论，受其影响很大。霍夫曼是传统主义学派的代表人物之一，其研究涉及欧洲一体化、美欧关系、美国外交政策、国际安全、全球化等多个领域。作为政府间主义的创立者与代表人物之一，他的理论深刻地影响了今天的欧洲一体化与国际安全研究。斯坦利·霍夫曼于 2015 年 9 月 13 日去世，享年 86 岁。

斯坦利·霍夫曼的主要著作有：《当代国际关系理论》（1960 年）、《战争状态》（1965 年）、《格利弗麻烦——国际关系与国际体系》（1968 年）、《国际秩序的条件》（1968 年）、《衰落，还是复苏》（1974 年）、《支配地位，还是世界秩序——冷战以来的美国对外政策》（1978 年）、《跨越国界的责任》（1981 年）、《此路不通》（1984 年）、《两面神和智慧神：国际政治理论与实践文论选》（1987 年）、《生活在核时代》（与约瑟夫·李等人合著，1983 年）、《冷战之后：国际制度与欧洲的国家战略》（合编，1993 年）、《人道干预的伦理学和政治学》（编著，1996 年）、《政治思想和政治思想家》（合编，1998 年）。

斯坦利·霍夫曼的著作较为系统地阐述了传统主义的基本观点：

1. 认为“世界政治中充斥着经常的纷争和冲突”，由于缺乏制止这种冲突的国际权威机构，诉诸武力的情况时有发生。因此，“世界政治的无政府状态是国际冲突的根本原因”。

2. 国际关系应“面对这一充斥着纷争和冲突的现实”，寻求克服世界无政府状态的有效途径，而迄今为止能找到的最有效途径是世界秩序理论。该理论反对诉诸武力，主张扩大经济合作，发展多边关系，目标是建立温和型国际体系，手段是加强国际组织在维护和平方面的作用。

3. 主张用“历史”和“现实”的方法分析均势，认为从过去的五强均势（英、法、俄、普、奥匈）到今天的五角均势（美、苏、中、日、西欧），已发生了很大的变化。过去的均势法局限于欧洲，呈现为简单均势；今天的均势法则是复合均势，在全球范围内展开，呈现为相互依存的格局，并带有核对峙、核威慑的特点。

4. 强调伦理道义在国际政治中的重要性，《超越国界的责任》就是关于伦理问题的专著。他认为伦理道义应以“安全生存”和“相互依存”为原则，以符合“国家利益”为目标，国际关系中的伦理问题与维护人权、世界秩序密切相关，极为重要。

第三节　对传统主义理论流派的评价

与科学行为主义不同的是，传统主义学派注重国际关系的质量变化，把国际关系看成一个历史进程，坚持传统的历史研究方法，反对计量化。在具体方法上，传统主义学派强调历史事件的起因、经过、结果以及相互内在联系的研究，称之为“事件分析”“注重对历史与现实的规范研究，认为法律、哲学、历史、伦理仍是国际政治理论研究的基础。在第二次论战中，传统主义与科学行为主义之争在一定程度上反映了一种英美研究方法的比较。斯蒂夫·史密斯所做的英美国际关系分析十点比较便是典型的实例：（1）英国强调传统分析，美国强调比较分析；（2）英国强调规范方法，美国强调实证方法；（3）英国注重历史分析，美国注重科学分析；（4）英国注重国际关系中的独特性和行为的个人特点，美国注重国际关系中的普遍性和行为的一般规律；（5）英国认为“本能”“直感”和“想象”大于“前提”“推断”和“理论”，美国反之；（6）英国侧重国际关系中的行为程序，美国并不侧重；（7）英国重视个人、伟人和精英集团的作用，美国不如英国那般重视；（8）英国不重视社会科学方法论对国际关系的影响，美国极为重视；（9）英国的政府决策机构与学术研究机构之间的关系不密切，美国的政府决策机构与研究机构和思想库之间的关系非常密切；（10）英国学术界视国际关系和外交政策为“艺术”，美国学术界视为“科学”。随着时间的推移，以上十个方面的比较内容已引起人们广泛的关注。

第五章 新现实主义流派及其影响

新现实主义的思潮源于1979年肯尼思·华尔兹出版的《国际政治理论》。该书提出国际关系的新结构主义理论，为新现实主义的发展开辟了道路。新现实主义的理论是指在承认“无政府状态”和“国家为基本行为体”的同时，强调国际关系的秩序和限制，重视包括东西南北关系的全球系统研究，给国际关系中的经济因素以更多的关注。在研究方法上，该学派强调综合性分析，认为权力政治与体系模式、结构分析与反馈博弈、宏观与微观分析应兼收并蓄，互为补充。

传统主义学派与科学行为主义学派的论战到20世纪70年代后期已接近尾声。在美国，由于经济危机的影响、对苏联核优势的丧失、越南战争的后遗症以及阿富汗事件和伊朗人质事件的余震，卡特政府和里根政府不得不调整其对外政策，以“重振国威”。此时，传统现实主义理论已显然不适合新形势的需要，科学行为主义的一些概念过于抽象，多种方法玄而又玄，解决不了现实政策调整中出现的新问题。一些学者基于战后全球权力结构发生的重大变化——权力分散、政治多极和霸权衰落的趋势日益显露出来，着手对传统现实主义进行“科学的修正和补救”。其“新”主要表现在对20世纪70年代以来变化了的形势提出新的理论观点和见解。由于新现实主义主张传统主义学派和科学行为主义学派在方法论上的互相渗透、取长补短、融合为一，学术界也将新现实主义称为后行为主义或后传统主义或科学现实主义。第三次论战呈现明显的阶段性：20世纪70年代末至80年代中期是形成期，主要是现实主义和新现实主义的比较；20 世纪 80 年代中期至 90 年代初期是发展期，主要是新现实主义与新自由主义之争；20 世纪 90 年代初期至今是深入期，出现新现实主义、新自由主义与批判理论“三足鼎立”的局面。

第一节 新现实主义与现实主义的区别

斯坦利·霍夫曼针对新现实主义与现实主义的比较讲了三点看法：(1) 现实主义着眼于国家，强调世界处于无政府状态；新现实主义着眼于体系，认为世界包含着国际经济的相互依存关系。(2) 现实主义着重国家利益和国家权力；新现实主义则着重研究全球国家间的权力分配，主张结构分析。(3) 现实主义强调国际冲突，淡化国际合作的可能性，忽视国际机构促进合作的作用；新现实主义则主张国际冲突与国际合作的结合，强调国际合作的可能性，重视国际机构促进合作的作用。

肯尼思·华尔兹在《现实主义思想和新现实主义理论》一文中从理论角度提出现实主义和新现实主义五个方面的主要区别：

1. 新现实主义提出体系结构的新概念，即将国际政治视为一个定义精确的结构体系，这是新现实主义与传统现实主义的根本区别。

2. 在国际关系的因果关系上，现实主义强调世界由互动国家组成，“原因”是趋于一个方向，即从互动的国家到由它们的行为和相互关系产生的“结果”。而新现实主义强调，因果关系同手段和目的的关系一样，是不同的，“原因”并不只在一个方向发生，而是在两个方向上，即国际政治的单位层次和结构层次上影响单位层次，只有通过区分结构层次和单位层次的因果要素，才能充分研究和了解互动国家。

3. 关于对权力的解释，传统现实主义认为对权力的追求根植于人性，权力是国家追求的目的，而新现实主义则强调权力本身不是目的，而是实现国家目标的有用手段，国家追求的最终目标是安全，而不是权力。此外，传统现实主义还认为，权力首先意指军事实力，而新现实主义则“将权力的概念视为结构的根本特点”，认为权力应是国家的“综合实力”。

4. 现实主义和新现实主义都认为，不同国家的行动方式不同，因而产生的结果也不同。但是，现实主义强调互动单位的作用，而新现实主义强调结构对互动单位的影响。现实主义强调无政府状态，但却否认无政府状态是一种特征性结构；而新现实主义认为“自治”是结构层次上无政府状态的对应物。现实主义者强调国家的异质性，因为他们相信国家行为和结果的差异直接产生于单位构成的差异；新现实主义者认为这一假设是不可取的，因而他们提出一种理论以解释结构是如何影响行为和结果的。

5. 从研究方法来看，传统现实主义着重归纳综合的方法，而新现实主义则偏重推断演绎的方法。

第二节　新现实主义流派的成就

肯尼思·华尔兹认为，理论的对象是各种因素彼此交织的客观实在。这些对象中存在着可观察的规则性现象，可以称之为规律。但这些规律本身是描述性的，不是因果性的。规律只是一种现象，绝不是解释本身。如果只是累积了大量的规律性数据，就等于没有解释。理论虽不是客观实在，却是理论家根据自己的品位和风格一手造就并用以解释规律的陈述。理论绝不可能穷尽客观实在的一切方面，它必须扭曲（Distort）实在，略去次要的事实以凸显主要因素。所有成功的学科，莫不是经由粹取与抽象来说明极少量却极重要的事物。这就是仰赖归纳逻辑的途径不如采用演绎逻辑的途径的根本原因。华尔兹认为，经济学就是应用演绎逻辑最成功的学科。新现实主义正是要取法经济学的模型去解释国际体系规律性现象。

华尔兹的新现实主义理论强调的是国际政治中的什么因素呢？他指出，既往的国际关系理论用意识形态和领导人的特质解释战争与和平，无法说明为何不同的领袖和意识形态却能导致同样的结果——战争的反复出现。传统理论之所以都是“化约论”（Reductionist Theory），就是因为它们把导致特定国际后果的原因化约到国家单位的层次甚至个人层次，未能把握体系层次才是真正关键的因素。在此，新现实主义提出两个核心概念：体系与结构。国际体系是由其主要单位——主权国家及其彼此间的相互关系构成的。而此相互关系有三项特别重要的部分：组织原则、功能分化和能力分布。国际体系的组织原则是无政府状态，因此每个国家为了求生存，都具备相似的职能，国家间没有明显的分工，而是自助。这导致所有主要单位是行为与职能类似的单位。组织原则和功能分化这两个结构性因素使得能力分布这个因素变成新现实主义解释国际政治最关键的要素。国家单位在体系内的位置只能是根据其能力的多寡来决定，而构成这些能力的要素包括领土、人口、经济和军事实力，其中军事实力尤其是核武实力特别为新现实主义所重视。体系中能力分布的态势则可以简单地用极数来概括，极数不同的体系，其稳定度也有所不同。生存至上的国家单位在无政府状态下，自保的方法自然是增强权力资源，因为其他单位的意图是高度不确定的。所以，国家单位更重视“相对利益”的获取，因为“绝对利益”或许可观，却可能在分配上有利于对手。不过，在生存与安全至上的原则下，华尔兹认为权力“极大化”（Maximization）的行为是非理性的，因为权力本身只是保障单位生存和安全的手段，而不是目的。权力累积到一个定点就会发生报酬递减，导致其他大国协力牵制。尤其是体系内诸单位都不愿某一成员坐大成为霸主，因此它们更倾向于制衡而不是“搭便车”。华尔兹的新现实主义据此断言，追逐“过多权力”是不明智的。

上述新现实主义推论都是从体系层次出发，虽然华尔兹同意个别单位领导人偶尔能依赖高超的国策暂时抵挡结构的压力，但是结构主要是靠一种“社会化”的力量迫使单位模仿获得成功的战略前例，而不是鼓励创造奇迹。这也是数百年来体系主要大国都同化为“类似单位”的根本原因。华尔兹的多数批评者最后都或多或少接受了其理论的优越性。到了20世纪90年代，其主要对手之一新自由制度主义甚至被认为已经消融于“新新综合”的大潮流中，许多修正只是小范围地突出非国家行为体或者机制（regimes）等变量，并没有触及华尔兹的基本框架，反倒是捍卫并创造性地发展了新现实主义的约翰·米尔斯海默引进的地缘政治变量和对进攻性逻辑的强调，更可能提供一种间接的、内部的批判，使研究者能从不同角度反思新现实主义。同时，米尔斯海默的改良又与目前国际政治研究的两大主题——“美国单极”和“中国崛起”直接相关，所以无论是在理论还是实践上，都更值得我们关注。

第三节　新现实主义理论的新发展

将约翰·米尔斯海默的论点归类于新现实主义的进攻派是目前学界的共识。米尔斯海默的贡献体现在三个方面：第一，在哲学与方法层次上，他比华尔兹更倾向于实证主义。第二，在理论假定上，他非常强调无政府状态下大国间意图的不确定性，因此大国在有利时必然采取攻势，甚至在收益合理时，用战争来扩大权力也在所不惜。第三，他是第一个将地缘因素引入抽象的国际关系理论的学者。此种引入的效果，一方面指出地面部队的首要性与陆权大国的攻势偏好，另一方面则论证了海权大国因无法横越巨大水体而多半倾向维持“离岸平衡者”地位，即海权国家偏向守势，维持“区域霸权”。米尔斯海默对国际政治的这些大胆推论，会对原本高度抽象的新现实主义理论造成怎样的影响，这值得我们同时从理论与个案两个角度进行推敲。理论上，米尔斯海默将物质性的因素推到极限，把理念性因素视为完全是物质结构的反映。米尔斯海默坦率地指出，他与华尔兹在认识论上的差异是：他相信“好的理论”就是更准确地反映实在；米尔斯海默还是非常重视理论的政策效用的学者。他认为不能提供政策建议和预测的理论就是与实在世界无关的空谈，所以他没有继续深入检讨自己与华尔兹或其他批评家的理论分歧。但米尔斯海默的物质论、反映论特征正好是长期批判新现实主义的其他论者所诟病的实证主义病症，这类缺失据说已导致新现实主义陷入自然主义（Naturalism）、非历史、决定论（Determinism）等困境，无法解释类似中古体系如何走向近代体系、冷战何以结束等事件。

米尔斯海默坚定的物质主义立场使他支持哲学上的决定论，他认为历史记录中的大多数事例都支持此说。他还认为华尔兹未能把这些关键立场坚持到底，这才会使他有时掉进单位层次的误区。或许有时个别国家会做出违反理论预期的行为，但米氏断言，它们无一例外将因失误而被结构惩罚。

在具体假说的提供方面，米尔斯海默分析华尔兹之所以有“偏好现状”的弊病，是因为他只依靠两项假设：无政府状态和单位自存原则。所以，他看到的国家行为规律多半是守势的制衡。若是加上米尔斯海默新增的三个假设——单位具有进攻性武力、单位意图高度不确定、单位是理性计算者，“偏好现状”就可以克服。米尔斯海默因此认为“极大化”行为是必然的，不存在华尔兹“过多权力”的顾虑。试想，依照新现实主义对大国的定义，大国都具有对彼此造成重损的实力。单位意图都难以掌握，错误的分析有导致单位毁灭的危险，所以大国必定彼此保持长久的敌意。任何接近霸主地位的大国，依照理性计算，继续把握优势并扩大权力资源，这是报酬递增，而非递减。新增的权力正是要用来弥补不确定世界中“失算”可能带来的损失，当然是越多越好。在必要的情况下，积极投入战争还能攫取比消极制衡更多的权力。最终，只有当一个单位赢得霸主地位，才能完全保证本单位的生存，进而转变为“偏好现状”的大国。这种推论自然产生进攻性新现实主义。

最后，诚如格伦·斯奈德所表明的，米尔斯海默对新现实主义最大的贡献是提出地缘因素。汉斯·莫里生发现，在华尔兹的原始架构中，国家单位就像市场中的公司，类似自由移动的分子（Mobile Molecules），彼此功能类似，但其空间上确切的位置无关紧要。的确，华尔兹强调单位的“位置”纯粹是由能力的分布决定的，与具体的地理位置无关，这里便凸显了米尔斯海默地缘因素的特殊性。因为从米尔斯海默的角度来看，大国的具体地理位置具有恒久性，并对单位的行为构成强大的规律性制约。如果这些看似属于单位层次的地缘因素的制约力足够强大，并且能得到印证，那么它们在新现实主义理论框架中就应被给予更高的地位。此处先扼要介绍米尔斯海默引入的三个制约性的地缘因素。

第一，强调地面力量的首要性。与很多学者重视海权、空权以及核优势不同，米尔斯海默认为，大国军事冲突的决胜力量仍是陆军。海上封锁或空中轰炸不能保证大国制胜，而核优势虽然是称霸体系的充分条件，但是几乎没有大国能保证具有这一优势。因此，纵使是在“相互确保摧毁”的基础上，大国还是可以进行常规形式的安全竞争甚至发生冲突。米尔斯海默认为，在这种冲突当中，大国决胜的关键仍是地面力量。而具有庞大地面力量的仍是大陆强国，所以它们易于彼此敌视，对体系稳定的威胁最大。

第二，强调广大水体的阻绝力量，这也使他声称巨大的“离岸平衡者”无法向大陆强权发动征服性战争。大陆强权也很难击败巨大岛国，而是优先攻击享有共同边界的其他陆权国家。因为广大水体严重限制了地面力量的投射，而足够的地面力量又是大国决胜的关键。于是，海洋使得任何大国跨海投送陆军称霸全球的企图几乎变得不可能。合理的战略目标只剩下在大国所属区域争取“区域霸权”的位置。而巨大岛国通常会变成防守性的区域霸权，扮演制衡大陆强权（可能形成进攻性的区域霸权）的“离岸平衡者”角色，并使得这个世界过去不曾有、将来也不大会出现“单极”的格局。

第三，在和华尔兹一样拒绝“搭便车”战略合理性的同时，米尔斯海默却不认为大国因此总是偏向制衡战略。他认为大国不主动制衡的时候，卸责是更合理的出路。卸责之所以有别于绥靖或“搭便车”，是因为卸责不会使对手的权力增加，而是着眼于自己的“相对利益”，引诱另一大国承担制衡责任，成为承揽者（Buck - catcher），自己则强化国防，避免成为假想敌的首选者。这样一来，卸责其实是聪明的攻势作为，使对手和承揽者两败俱伤，然后自己出来收拾残局。

此处影响卸责选择的关键是极数和地缘。首先，两极体系下的两强无法卸责，但势均力敌的多极体系会盛行卸责，除非强权所在地区出现一个特别强大的单位，他国皆难以单独担任承揽者，才会鼓励集体的

“制衡”选择。其次，共享陆地边界的两强倾向优先选择“制衡”，而有足够缓冲国领土或大片水体阻隔的两强，则偏好卸责。应用和验证米尔斯海默对新现实主义的新修正的案例已经有不少。例如，米尔斯海默就曾鼓励“离岸平衡者”——美国的卸责战略：推动有利于美国的核扩散（到德国和日本），以制衡真正的区域霸权候选大国（中国和俄罗斯）。他也鼓励美国减少海外防务承诺，因此指责美国介入伊拉克战争是小看了地缘因素对美国的重要限制。目前，也存在一些反驳或捍卫米尔斯海默的观点，争执点包括美国是否因离岸角色而必然偏好守势等。

第六章 新自由主义流派及其影响

20 世纪五六十年代的国际关系理论是在传统主义和科学行为主义的辩论中发展的。这场争论尽管十分激烈，但从根本上来说却是“一场虚假的战争”，双方的争论仅限于研究方法上的分歧，尽管这对于推动学科的发展具有重大意义，但对于国际关系理论的基本观念和思想层面却鲜有深入的探讨。从这个意义上说，战后国际关系理论研究的真正巨大进步是 20 世纪六七十年代新自由主义和新现实主义的出现，以及它们在理论上的交锋，这些构成延续至今的国际关系理论发展的主导潮流。所谓新自由主义和新现实主义的标签，也是为了区别传统的理想主义自由主义和经典现实主义。

从 20 世纪六七十年代开始，世界政治的发展出现一些前所未有的新问题，如核战争的恐怖阴云、全球化和世界经济一体化的发展、石油危机、全球环境问题等，这些问题大大增强了全球相互依存的程度，从而引发国际政治理论家们对世界政治本质的重新思考。他们开始反思现实主义国际关系理论，进一步从早期理想主义的遗产中发掘出有价值的思想，与世界政治发展的实际相结合，发展出新的自由主义思想指导下的国际关系理论，并逐渐成为当代国际关系理论研究的一大主要流派。自然，新自由主义的标签只是一种泛指，因其研究重点和具体观念的差异，其中还存在着不同的流派。在这里，我们把它简单归纳为三个有代表性的流派。

第一节 相互依存理论

核武器的巨大杀伤力使处于冷战中的人们认识到，核战争的结果无异于人类的集体毁灭；经济和贸易的全球化发展使得世界变得越来越“小”；环境生态等全球各国面临的共同问题日益加剧。这些深化了国际政治研究者们对世界政治中相互依存的认识，也最终促进相互依存理论的诞生。

相互依存理论的代表人物有罗伯特·基欧汉、约瑟夫·奈和理查德·罗斯克兰斯等。基欧汉现为美国杜克大学教授，奈是哈佛大学肯尼迪政府学院院长，两人长期合作研究，成果丰硕，并结下了深厚的友谊，在国际关系理论学界被传为佳话。相互依存理论就是基欧汉和奈共同创立的，其代表作也多是两人合作完成的，主要有《跨国关系和世界政治》《权力与相互依存》等。后者是相互依存理论的巅峰之作。罗斯克兰斯现为美国加州大学洛杉矶分校教授，其反映相互依存思想的代表作是《贸易国家的兴起》。

相互依存理论全方位挑战了现实主义的一些基本设定。现实主义认为，主权国家是国际政治中唯一重要的行为体，国家之间的关系构成国际政治的基本内容，非国家行为体尽管存在，却不能发挥实质性作用，只是主权国家权力政治的从属物。相互依存理论反对国家中心主义，认为主权国家不再是世界政治的唯一行为体，越来越多的超国家和跨国家组织在国际层次发挥着重要作用，例如联合国等国际组织、非政府组织、跨国公司等。相互依存理论重视对跨国关系的研究，注重对一体化后果及影响的分析。现实主义认为，主权国家的首要目标是追求军事上的安全，其次才会考虑经济、环境等事务。相互依存理论认为，一体化的发展不仅使得国家之间的相互依赖加深了，而且加强了军事、政治、经济、环境和生态等领域全方位的“复合相互依存”（Complex Interdependence），现实主义从军事、安全等“高政治”向经济、环境等“低政治”过渡的优先次序被打乱了，世界事务越来越成为一个整体。以主权国家强权和利益为核心的国际间政治模式应该逐步让位于超越主权国家范围的众多跨国问题研究议程。

相互依存理论的出现破坏了现实主义理论独霸国际关系理论领域的状态，大大拓宽了理论研究的视野，带来了一种全新的世界政治变革分析的思路和议程，为现代自由主义国际关系理论的迅速发展和崛起打下了坚实的基础。正是在相互依存理论或复合相互依存理论的基础上，新自由制度主义才得以诞生，并对冷战后出现的全球治理论等最新自由主义世界政治理论产生了直接影响，以至于相互依存理论的代表作《权力和相互依存》被誉为“国际关系和国际政治经济学研究领域的里程碑式著作”。

第二节　新自由制度主义理论

在复合相互依存理论的基础上，以基欧汉为中心的一批西方国际关系理论学者进一步深化和丰富了自由主义的国际关系理论，提出被称为“制度理论”（Institution Theory）或“规制理论”（Regime Theory）的新自由制度主义理论。除基欧汉以外，新自由制度主义理论研究的代表人物还有奥兰·扬、恩斯特·哈斯等。

与相互依存理论不同，自由制度主义理论接纳了新现实主义理论的若干基本假设，如主权国家是国际政治中唯一重要的行为体、国际社会的无政府状态等，尽管它对这些概念的理解及其后果有不同的解释。与此同时，它还吸收了博弈论、理性选择等新的研究方法，使其理论分析更加严谨而实用。

根据斯蒂芬·克莱斯勒被普遍接受的定义，所谓规制，指的是“一系列明示或默示的原则、规范、规则和决策程序，行为体对特定国际关系问题领域的预期围绕它汇聚起来”。尽管不同的学者对于制度或规制有不同的定义，但其基本含义大多包含在这个定义中，强调了制度在规范行为体的行动，以及汇聚其期望上的重要作用。这也是新自由制度主义研究的基本出发点和归宿。

建立在博弈论基础上的理性选择理论（Rational Choice Theory）是新自由主义制度研究的主要方法论工具。理性选择理论又称公共选择理论，最早来自经济学研究的分析方法，其基本观点包括把集体行动的个体看作富有理性的行为者，这些个体的目的是追求自身利益的最大化，他们在自身行动中可以权衡利弊后做出对自己最有利的选择，从而构成集体行动的一般逻辑。理性行为体通过功能、博弈和学习三种途径建立合作。

相应地，自由制度主义理论的分析起点是理性地追求利益最大化的国家。自由制度主义同样承认国家政治的无政府状态，但它认为，即使是在无政府状态的自助的国际体系里，国家之间的合作也是有可能实现的。基欧汉认为，主权国家之间的合作并不必然地依赖利他主义、理想主义、个人荣誉、共同目的、规范的内化或对某种文化价值观的共同信仰。相反地，富于算计的理性的国家之间关系并不必然是冲突，国家的优先目标也并非仅仅是军事安全。在国际制度和规制的规范与强化作用下，国家之间的合作不但是可能的，而且是必要的。甚至在创建制度主导合作的霸权国家消失后，霸权后的合作仍然是可能的。在这里，制度的力量逐渐发挥了独立而持久的作用，国家关注的不再是相对收益，更多的是绝对收益。为此，国际关系理论研究的目标应当转移到探讨合作在何种条件下得以出现并维持，以及制度合作的演变上来。合作制度一旦建立起来并得以维持，行为体的预期就会受其规范，增加彼此获取的信息，建立信用体系，从而降低交易成本，最终实现该制度下所有行为体利益的最大化。

新自由制度主义理论借鉴了现实主义理性分析的前提和方法，却得出相反的结论，认为无政府状态下的合作是可能的，从而在世界观上持有一种乐观主义的态度。它紧紧把握住世界政治发展的新趋势和新问题，给出全新的解释。新自由制度主义 20 世纪六七十年代的崛起在国际关系理论发展史，尤其是自由主义国际关系理论发展史上具有非凡的意义。尽管罗伯特·基欧汉自己也承认新自由主义制度主义存在不少缺点，但它对当代国际关系理论与实践发展的意义却是显而易见的。作为自由主义国际关系理论的一个重要流派，它和新现实主义之间的争论构成冷战结束前国际关系理论发展史的主要内容。当然，制度主义并非这一时期自由主义国际关系理论发展的全部，民主和平论（Theory of Democracy Peace）在20世纪70年代的出现及其在冷战结束前的“重新发现”（Rediscovered）就是明证。

第三节 共和自由主义理论

虽然民主和平论被认为是冷战后世界政治研究中最有意义的成果，但作为一种安全模式的思想，它早已存在，因而被称作“重新发现”的理论。最早提出类似理论的是康德，他论述了被称为“永久和平”（Perpetual Peace）的安全模式。具有民主和法制精神的共和国组成的不断扩大的共同体可以在国际法的原则下最终达到“永久和平”。因为共和政体的制约机制能阻止共和制国家冒险进行战争，而非民主国家是否进行战争则全凭独裁者不受制约的意志。康德的思想被称作“自由主义的国际主义”，它在一战前后得到进一步发展，美国总统伍德罗·威尔逊在“十四点计划”中提出，“依照自己的方式生活，决定自己制度的国家”“爱好和平”“能够获得正义的保证，并得到世界上其他民族的公平待遇而不至遭受暴力和损人利己的侵略”。1919年，约瑟夫·熊彼特进一步提出“民主的资本主义能导致和平”的命题。当代学者从20世纪70年代开始重新认识民主和平的问题，并逐步理论化、系统化。斯莫尔和辛格于1976年首先把民主和平作为一种基于经验事实的现象进行描述。1983年，多伊尔在《康德、自由主义遗产与外交》一文中正式将民主和平作为一种理论提出来；冷战结束后，民主和平论成为西方国际关系理论界的研究热点之一，有关著作层出不穷，其中布鲁斯·拉塞特在著作《把握民主和平：冷战后世界的原则》中对它做了系统论述。

作为一种关于国际安全模式的假说，现代“民主和平论”的主要观点有：（1）国际关系中的一条经验法则是，民主国家之间从不（或很少）发生冲突；（2）即使它们之间发生冲突，彼此也不大会使用武力或以武力相威胁，因为这有悖于民主的原则和理性；（3）专制国家之间或者民主国家与专制国家之间更容易发生冲突，而且更易于以武力解决争端。更有甚者认为，与民主国家相比，非民主国家更加好战（War Prone）。

作为一种经验法则，“民主和平论”者的重要依据之一便是“民主国家少战争”的“经验事实”（Empirical Facts）。如果说康德的“永久和平”只是一种理想的话，那么当代“民主和平论”者则试图通过各种统计与分析证明这一现象在不同的时间段内普遍存在。斯莫尔、辛格和多伊尔认为，自 1816 年以来，民主国家之间几乎没有真正发生过战争。

对此，“民主和平论”者的理由有二：一是民主国家内部的制度约束（Institutional Restraints）；二是民主国家之间共同的民主规范和文化（Norm and Culture）。

一方面，“民主和平论”者认为，国内政治中发展起来的一些制度和规范影响一国对外行为模式，民主国家与非民主国家在国内政治上的差异导致双方在对外政策决策上的不同。民主政体强调通过和平方式进行有规则的政治竞争，因而民主国家国内政治矛盾的解决不是通过消灭对手实现的，这使得民主社会无论是从国家、地区还是个人层面来说，都是稳定的。而在非民主国家的政治竞争中，胜者得到全部，败者没有机会重新崛起；非民主国家的稳定必须建立在没有有效的政治反对派的基础之上。具体来说，制度约束体现为：首先，民主国家的选举制度决定政府要对选举实体（Election Body）负责。其次，民主国家政体中的分权（Power Division）和制衡（Check and Balance）原则使得外交决策责任多元化，从而避免做出一些极端的决定。另外，民主国家进行战争要经过公开辩论和民主政治等诸环节的认可，故备战的时间更长，这也为通过外交途径解决争端在时间上提供了缓冲机会。

对于民主的规范和文化因素，“民主和平论”者认为，民主国家共同拥有的精神气质（Ethos）也使得民主国家之间很少发生战争，这些精神气质的根本特征在于和平竞争和政治妥协。一个民主国家会设想其他民主国家也会以有规则和平竞争的办法来解决争端，并且将其运用到对外关系中，因此民主国家对其他民主国家的印象是积极的，民主国家会彼此认为是和平的，并形成相互尊重的关系。相反，民主国家同非民主国家之间缺乏这种抑制纷争的精神气质。尽管“民主和平论”从概念、事实到逻辑均存在诸多缺陷，被为数不少学者所批评，但因其暗含的一个逻辑便是世界和平的稳固基础在于扩展西方所认同的民主制度，因此它在西方国际关系理论界和政界具有相当的影响力，开辟了一条自由主义国际关系理论思考的引人注目的蹊径。

第四节　自由主义理论的新发展

从 20 世纪新自由主义异军突起开始，它和同时诞生的新现实主义的争论就没有停止过。但是与前两次大论战不同，双方一直未能分出高下，反而出现明显的所谓新（现实主义）新（自由主义）合流的趋势，即论战的双方都从自己最初的立场退却，互相吸收对手的一些基本理论要素，使得彼此在一些基本理论要素方面趋同，甚至连基欧汉都承认制度理论被贴上自由主义的标签几乎是一种“误导”。因而，争论对国际关系理论发展的价值和意义都产生了影响。

1991 年，冷战以一种令人始料未及的方式戛然而止，新现实主义和新自由主义解释力不足的窘境令诸多国际关系理论家难以应对。这使得一些学者开始另辟蹊径，致力于发展一些解释力和预测性更为强大的理论。其中，从本质上属于自由主义传统的全球治理理论因其新颖的世界观和方法论而引人注目。当代全球治理理论最著名的国际关系理论家是现任美国乔治·华盛顿大学教授詹姆斯·N. 罗斯诺，此外还有大卫·赫尔德、奥兰·扬、恩斯特·奥托·泽姆佩、马丁·休逊、马克·赞齐、克雷格·墨菲、多米尼克·鲍威尔等。

罗斯诺对当代学理意义上的全球治理观念进行了开创性的探索，特别是他提出的“分合论”世界观成为全球治理理论的哲学基础，为该理论在当代的发展建立了一个共同的知识平台。“分合”（Fragmegration）的英语单词是由“分散”（Fragmentation）一词的前半部分（Fragme）和“整合”（Integration）一词的后半部分（Gration）结合而成的。该词的构成形象地表达了“分合论”世界观的思想内核：当代世界政治变迁的动因包含着分散化和一体化两种同时起作用的趋势，这两个因素在当代全球政治的进程中又分别指涉全球化（Globalizing）和区域化（Localizing）的现象。当代全球政治的图景正是在这两个因素的共同影响下形成的。

当代世界中，全球化和区域化在时间上是共时性的（Simultaneous），在空间上是相互交叠的（Overlapping）。一方面，随着跨国市场经济的发展、信息和通信技术的进步、全球公共问题领域的涌现以及公民政治技能革命性的提高，全球化的进展迅速而深入；另一方面，以众多少数民族自治要求的提出、宗教和文化次团体的增生、形形色色认知共同体（Epistemic Community）的出现为标志，区域化的趋势也日益突出。当代世界“分合”的进程正在三大领域展开。在经济领域，经济全球化和新的“经济民族主义”（Economic Nationalism）相互交叠。在社会领域，“分合”的趋势也十分明显，一方面是“全球公民社会”（Global Civil Society）意识逐渐形成；另一方面，国家自主权和权威的散失使得人们觉得必须依靠并归属于适当的集体才能维护自己的利益并获得心理上的安慰。恐怖组织和民族宗教分离主义势力就是最显著的例子。在政治领域，全球化的动因使得传统的民族国家治理面临着巨大的危机。当代世界政治中，越来越多的议题超越了民族国家主权的界限。在跨国和超国家层面，主权国家处理政治事务时深受诸多国际组织和国际制度的制约。几乎与国际组织作用不断加强同步的是，一般民众的政治视野更加开阔，主权国家的政治决策也越来越难以获得大多数国民的支持。在“分合”进程的影响下，传统的以民族国家为核心的权威结构大受侵蚀，当代世界政治体系正在经历意义深远的变革，这一变革集中体现在全球事务中的权威迁移（Relocation of Authority）上。

全球治理论者认为，推动权威迁移的因素来自六个方面。第一个因素，冷战的结束和美苏两大超级大国竞争的终结去除了两极结构的束缚，使权威迁移的进程在体系层面成为可能。第二个因素，两极结构的崩解造成冷战后世界局势的动荡状态（Turbulence），与此同时，技术的迅速发展使得这个世界日益缩小，这些前所未有的态势促使人们去寻找更加有效的政治组织形式。第三个因素，公民的技能革命（Skill Revolution）使他们能够更加清晰地界定自己的需要和愿望，同时更加容易参与到集体行动来表达自己的意愿。第四个因素是次团体主义的发展。社会越来越分化出大量有组织的实体，它们成为新的权威中心和忠诚目标。第五个因素，国家和地方经济的全球化大大削弱了维系商业和金融关系的传统方式。第六个因素，权威迁移的进程被不断出现的全球相互依存事态所加速，这些事态强化了跨国合作的密切形式，例如新近不断高涨的社会运动。总之，权威迁移的动因来自“分合”世界观下同时展开的全球化和区域化进程间的互动。在有些情况下，超越国家边界的控制机制得到加强；而在另外的情况下，邻里间的心理安慰和种族归属等需要则催生和强化了区域化的控制机制。

尽管当代世界事务大多仍在主权国家管辖的框架内展开，但是随着国家内部和外部各种新的控制机制的出现，世界越来越“呼唤全球政治权威甚至治理的新形式”。罗斯诺把这种新形式称作权威领域。所谓权威领域，指的是一些可以行使权力的行为体，在各自相应领域里可以得到民众的支持和服从。与国家主权权威不同的是，这种服从不是依靠国家机器的强制力获得的，其服从主要来自民众对它的信任和认可。权威领域往往没有正式的组织形式，并且常常不具有领土性，它可能是全球性的，也可能是区域性的，同时其影响范围在不断发生扩大或缩小的变化。

第七章　建构主义理论及其影响

建构主义理论原本并不是国际关系学界的概念，它最初被用于教育心理学领域，曾经出现在瑞士心理学家让·皮亚杰论述心理发生发展及认识形成的著作《发生认识论原理》当中。在这一领域，建构主义被用来说明儿童在与周围环境相互作用的过程中，通过“同化”与“顺应”两个基本过程，逐步建立起关于外部世界的知识，从而发展自身的认识结构。这一心理学基础应用于教育学中，即演化为以学生为主体，教师、学生、教材（知识）、媒介四要素相互作用的建构主义教学模式。对建构主义使用最广泛、最深刻的是社会学领域，建构主义被公认为是社会学领域的概念或方法。这也是国际关系领域的建构主义被称为“国际政治社会学”的原因。在这一领域，建构主义主要是指一种系统的社会学方法论，即从社会化、规范化的宏观整体出发，研究社会体系、构成这一体系的个体及其观念、身份和行为实践。建构主义国际关系理论是一种涉及国家本体地位的哲学思考，如果从不同的本体论出发，会对世界产生不同的认识，从而导致不同的国家间关系。建构主义的研究立意或对问题思考的出发点既超越国际关系本身的使命，也超越之前所有国际关系理论和流派对国际社会本质的认识与理解。

第一节　建构主义理论的产生与发展

国际政治理论中的建构主义理论可以从法兰克福学派的批判社会理

论、吉登斯的结构化理论、韦伯的政治社会学、米德的符号互动理论等中找到其深厚的社会学渊源。然而，作为一种足以挑战国际关系主流理性主义学派的全新理论，建构主义首先要做的就是夯实它整个理论大厦的根基，建立与之相联系的深厚哲学基础。

哲学是什么？形而上地说，“哲学是指导人们生活的艺术或智慧”。形而下地说，哲学是人们理解世界和人自身的一系列基本观点和方法，是系统化、理论化的世界观、价值观。哲学源于人类好奇的本能和对美好生活的渴望，它的永恒主题是人。亚历山大·温特的《国际政治社会理论》是全面提出和阐述国际关系建构主义理论的代表作，著作的第一部分基本上是社会理论和哲学理论。温特从本体论、认识论、方法论等各个方面讨论了社会建构问题，同时建构了他“温和建构主义”理论的哲学基础：“一是基础性层面，即第二层面问题，涉及有什么内容以及我们怎样解释和理解建构主义。”建构主义在其理论部分的中心词语是——社会结构、施动者、共有观念、建构，即认为：国际社会的结构是由国际体系的施动者通过其共有观念来建构的社会性结构，而非纯粹的物质性结构；即使是行为体自身的身份和利益也不是天然固有的，而是由共有观念和与之相应的社会性结构来建构的。这是国际关系几大要素的基本关系问题。

从哲学的角度来理解，建构主义承认社会结构和行为者身份是一种存在，观念属于思维范畴，但这一存在并不是先验的、绝对的存在，而是物质因素和思维共同建构的存在。它们的联系就在于思维在一定程度上反映了存在，同时建构了存在。而存在既是已有的物质存在，同时也是受思维影响的存在。因为世界毕竟只是人们所认知的世界。比如，我们现在看到太阳，其实只是感受到它在几分钟以前放射出的光芒，而不是此刻真正的太阳的状态。也就是说，建构主义并不否认理性主义所讨论的世界具有客观性并且是可以认识的，但是这种客观性只有在认识的主体间才能得到体现。因为认识客观世界必须在认知实践中才能实现。建构主义试图以整体主义和观念主义的方法，诠释国际政治的体系和个体及其相互作用，其对观念的建构作用、社会结构和行为体的相互作用的阐述带有明显的黑格尔辩证唯心主义哲学的痕迹。它所宣称的“探求国际政治环境从洛克文化到康德文化的过渡”，追寻国际社会的和平与友谊的目标取向，则更鲜明地展现了建构主义类似哲学的价值追求。

温特的建构主义理论是在批判现实主义理论基础上建立的。现实主义认为国家地位的高低和权力的大小是由物质力量决定的，由此可知国际社会的物质性。温特认为，国家尽管有领土、人口、组织机构等客观实在，但不能说领土就是国家，国家是人们用知识“造”出来的东西。自然界的物质可以通过实验的方法证明它存在，以及是什么。但社会界的事物（国家、国际体系、国际结构）尽管是客观实在，但却是理论家感知的东西。“国际结构不是物质现象，而是观念现象。”“或者说‘观念是无所不在的’（或者说是几乎无所不至的）。”

第二节 建构主义的哲学基础

建构主义有着深厚的哲学基础。在国际关系的动力和构成问题上，建构主义认为，国际社会的主要施动者国家实际上是无法看到的，国家行动依赖于个人活动，个人的共有知识再造了国家作为团体人或团体自我的观念，“国家也是人”。实际上，相对于理性主义那种把国家设定为“理性经济人”的人格化来说，建构主义更加深刻地分析了个体主义的人和人性，它揭示出施动者（国家）是由个人组成的，个人意愿的多元化作用建构了国家的共同观念，从而影响国际政治。它甚至把国家比拟为人，但它是一个有观念和主观性的“人”，而不是一个客观的符号。从这一点来说，建构主义可以称得上是人本主义。而人恰恰是哲学的主题。哲学探讨人的肉体与灵魂、生存与毁灭、精神与价值以及人与他人、人与社会的关系。建构主义从具有主观观念和主体认识功能的“人”的角度来观察世界，考察国际关系，实质上是在阐述关于人、人的观念、人与社会（国家层次和国际层次的）相互关系的建构主义主张。

建构主义认为，人是社会的人，社会关系规定了人的存在，而社会的人及其观念共同建构国家，从而建构整个世界。建构主义从它的角度揭示了人存在的意义以及国际关系的实质，即国际关系从根本上说是人与人的关系，从特征上看是扩大了的人际关系，是人以及人们的共有观念建构起来的一种社会关系。由此，国际社会与国际关系的产生和发展不是凭空的，也不是先验的，而是人与人之间、国家与国家之间互动的结果；不是不包含人的观念与价值的“冰冷的机器”，而是能够体现人的主体性、社会实践性和主观能动性的政治现象。它与国内政治一样，是公民的意愿与选择的多元化作用的结果。建构主义通过发掘人、人的观念和国际社会与国际的关系，把三者有机地统一起来，拉近了个人与国际关系的距离，使国际关系变得人性化，使国际关系不再是实质上只作为概念存在的“国家”之间的事，使人性回归国际政治。这不能不说是建构主义对国际关系理论的重要贡献。

温特自称温和建构主义，有学者称其为调和主义，既有唯物主义，又有唯心主义；既有理性主义，又有反思主义；既是现实主义，又是理想主义。这是不是反映出国际关系理论的发展趋势越来越中和，不偏激，呈现折中主义的理论趋向？就中国对外政策而言，中国改革开放以来，奉行的是“不论白猫黑猫，抓住老鼠就是好猫”的理论，只要有利于社会经济建设，我们可以与任何国家发展关系，不树敌，广交友。而这一立场已为众多国家所接受，似乎成为国际社会的发展趋势。所以，建构主义国际关系理论也是客观实在的反映。

第三节　建构主义的世界观与价值观

所谓世界观，通常是指人们对世界总的看法和根本观点，而价值观则反映人们的需要、取舍、倾向和意愿。哲学是“关于世界观的学说”，注重价值观，世界观与价值观反映了哲学的特性。

建构主义的世界观是明确的。它认为，“世界无政府状态”是一种特定事实，但它不是先验的、自在的。它是由世界体系的施动者及其共有观念建构的，因而也是可变的。这在哲学上来说就是，世界是我们所认识的世界，也是我们的世界，人对世界来说不是无为的。这样，建构主义既肯定了现实主义关于世界无政府状态的实在性，肯定了新现实主义关于世界体系的结构性，又修正了这两者的观点，把这两种理论避而不谈的“世界无政府状态到底是怎么来的”这个问题提了出来，并且深入研究，进而提出自己革命性的理念主义观点：“人类关系的结构主要是由共有观念而不是物质力量决定的。”与此同时，建构主义用辩证主义哲学的方法，把新现实主义体系理论所忽略的单位层次因素对体系的建构作用，作为建构主义所要解决的另一个中心问题提了出来。而它的答案就是：“结构引导角色在相互作用的过程中重新界定它们的利益和认同甚至角色自身。”简言之，这个国际关系的世界实质上是体系和施动者（包括共有观念）之间的相互建构。这是国际关系的基本状态问题。

与此相应的是，在国际关系的发展趋势和方向问题上，建构主义坚决摒弃了科学行为主义的所谓价值中立，在现实的基础上提出国际关系研究的价值观问题，提出理性的“理想主义”。它认为，既然国际体系的施动者国家是个体人共有观念的集合，世界体系是由施动者及其共有观念建构的，体系也建构了施动者的身份和利益，而和平、幸福与友谊是正常的个人的需要，那么也就有理由相信，国际社会可以坚决抛弃“一切人反对一切人”的霍布斯式无政府文化，从竞争对手式的当代洛克文化状态走向相互友爱的康德文化，从而确保世界的和平和人类的福祉。建构主义认为，国际体系结构可以变化，变化的方向是向前的、进步的、乐观的，因而国际关系也将向着和解与和平的方向发展。它断然拒绝了现实主义关于国家的自私本能导致国际关系悲剧循环的理论，在肯定了国家的选择和实践的消极与失误有导致国际社会“依然陷于洛克文化之中不能自拔”的可能性的同时，展望了国际社会的光明前途，并对有实力的大国以及它们的选择和努力寄予厚望。这一点与马克思主义哲学中关于社会发展的螺旋式上升理论殊途同归。

建构主义国际关系理论对现实的积极意义在于，如果认识到国际社会不是物质力量的结果，而是观念的结果，那么只要促进观念的变化或更新，国与国关系的改变就存在可能。比如美国和中国的关系，1972年与1949年相比，从物质力量上说，美国依然比中国强大，但是并没有战胜中国；中国比美国弱，但是并没有屈服于美国。但为什么在1972年美国与中国走到一起，是因为在苏联的扩张战略下，美国改变了对中国的态度，中国也改变了对美国的态度；是因为双方重新认识了对方，即重新建构了对方的身份，从而导致双方关系发生质的变化，“化敌为友”。建构主义国际关系理论问世之际恰逢国际格局转换，这一理论强调对观念建构的重视，弥补了国际社会唯物质力量马首是瞻的缺陷。国家可以不再以追求权力、诉诸力量为维系国家间关系平衡的唯一出路，可以在相互认知的前提下，寻求共存共赢的新理念。建构主义的观点显然有助于国际社会构建后冷战时期和谐、公正、合理的国际政治经济新秩序。

第四节　建构主义的方法论

建构主义成型于旧的国际格局解体、新的格局尚未形成的国际关系大变革时代，实践的需要呼唤理论的创新，建构主义国际政治理论应运而生。但是，理性主义方法统治国际关系理论界已有多年，建构主义如何引导人们摆脱绝对理性主义的束缚，从一个崭新的视角来分析和研究国际关系呢？

建构主义的方法论的特征是整体主义，它从国际体系结构的总体出发，强调体系对国家的建构作用，特别是国际体系文化对国家身份和利益的建构。首先，它引导人们怀疑理性主义关于行为体身份不变的假定前提，通过两个相同国家在不同时期的不同关系和观念，轻而易举地对理性主义理论的这一固有缺陷进行证伪。国家间关系是变化的，国家之间彼此的看法也不是一成不变的，这一点人人皆知，因而理性主义理论派别对此根本无从反驳。然后，进一步归纳得出：建立在实证主义和因果性解释基础上的理论假定——国际关系是一个外在的客观现实，可以通过自然科学方法加以证实的观念——是错误的。因为社会历史事件是不可逆转、不可还原的，它只能由我们站在各自不同的位置，带着各自特有的知识、经验、价值和道德观念去认知。进一步说，完全客观的现象即使存在，对于人来说也是没有意义的，理论研究者诠释的所有事件都是人们主观认知的现象，它不能脱离物质因素的作用，但观念的作用更是不容忽视的。而国际关系的实质，就是结构、施动者和共有观念的互相建构。建构主义用普通的哲学逻辑方法向人们展示了一个建构主义的国际关系世界。但是，如果我们追问，建构主义最初是何以发现以及如何断言国际关系的这种建构主义特征的？因为观念建构体系，体系与施动者互构本身也是不能由科学加以证实的，恐怕这只能归功于建构主义的最初创立者们所谓的“智的直觉”了。从哲学视角考察和分析建构主义，无疑会使人对这种理论更加充满期待。温特的建构主义理论是辩证的，它重视理念的作用，又不否定物质；它是实践的，把国际关系中问题的最终解决出路放在国家的实践上；在分析体系结构和国家时，它实际上是承认现实的理性主张，却又对国际社会达到互相友爱的康德文化状态充满理想主义的激情；它把国家比拟为人，从人本、人性来考察国际关系的真实属性。温特温和建构主义的本意是要在传统理性主义与反思主义之间找到一条中间道路，却开辟了一个研究国际关系理论的全新领域。

第八章　批判理论及其影响

国际政治理论的历史就是一部理论批评的历史。批判理论在理论史上占有重要地位。它与新自由制度主义同期兴起，上接新现实主义，下启社会建构主义，领批判风气之先，与后现代主义、女性主义、新马克思主义等学说一起动摇了主流理论的根基，是当代国际关系理论批评史上的重要分水岭，并将会在很长一段时间内继续照耀学术争鸣与创新之路。

当代国际政治理论一般分为两类：解释性理论和构成性理论。解释性理论侧重对理论假设进行检验，提供因果关系上的理解，叙述国际事件并对其一般趋势和现象给予解释。其认识论基础是理性主义。这类理论将说明国际政治生活的真实性，直接为国家决策者解决难题作为自身的目的，因此亦称解决难题理论。构成性理论则注重对国际政治理论本身的哲学基础进行反省和重建，其认识论基础是反思主义，强调理论上的自我批评和重建对正确认识与理解世界政治的性质及特征具有重要作用，因此亦称批斗理论或批评理论。长期以来，解释性理论一直在西方国际政治理论界占据支配地位。然而，自 20 世纪 80 年代以来，由于受西方政治及社会理论发展的影响和推动，构成性理论在西方国际政治理论界逐渐兴起，对传统的主流理论提出批评和构成挑战，形成所谓西方国际政治理论的第三次论战。西方国际政治批判理论是一个“家族”，包括后现代主义、女性主义、建构主义等分支。

第一节　批判理论的概念及其产生背景

国际政治批判理论并不是突如其来的学说，它的成长有着深厚的理论渊源、丰富的实践内涵以及独特的时代背景。“批判理论”一词用来代表一种哲学，这种哲学通过内在的批评方法对占主导地位的社会及政治现代化秩序提出质疑，谋求恢复一种批评的潜在活力。这种批评的精神在西方思想、社会、经济和技术的趋势中日益受到重视。当批评理论开始渗透入西方国际政治理论研究，从认识论、本体论、价值论和方法论等方面对这一学科进行批评性的反省时，它动摇了西方主流国际政治理论大厦的根基，同时也为重建西方国际政治理论开辟了道路。

一、批判哲学与批判理论

国际关系研究中的批判理论是与社会哲学中的批判理论相联系的，要了解批判理论，就得了解批判哲学。我们一般把马克思主义哲学作为批判哲学的最高峰，即法兰克福学派社会哲学的直接来源。但是，批判哲学的近代源头却是康德哲学。完整地理解批判理论中的“批判”一词，不能绕开康德的三大批判。康德是近代德国哲学革命的开拓者，他的《纯粹理性批判》《实践理性批判》及《判断力批判》实际上是就人的认识能力问题在哲学领域发动的一场哥白尼式革命。他说：“我们这个时代可以称为批判的时代。没有什么东西能够逃避这个批判。宗教企图躲在神灵的后面，法律企图躲在尊严的后面，其结果正引起人们对它们的怀疑，并失去人们对它们真诚的尊敬。”康德的批判哲学虽然从根本上讲是一种唯心主义与唯物主义哲学的调和，但它可能是近代哲学中最高水平的调和。这种调和的成就表现为：一是康德造就了“当前已经渗入于一切科学之中的批判精神”（海涅语）；二是二律背反学说指明了理性知识发展过程中的内在矛盾，为 19 世纪黑格尔、马克思主义哲学的辩证法大发展开辟了道路；三可能就是批判哲学中隐含的反理性主义和反实证主义，这成为20世纪非理性主义哲学的重要来源之一。

马克思主义哲学继承并发展了康德的批判哲学，将其批判精神与对理性的限制加以发扬，摒弃了康德哲学中的唯心主义，同时批判地继承了黑格尔法哲学以及青年黑格尔派鲍威尔、施蒂纳等人的批判哲学，承认异化对人产生的束缚，承认权威对人的约束，承认精神自由是人的解放的重要前提，并且承认人通过批判理论可与自身的本质结合在一起。不过，马克思的批判哲学既是一种批判哲学，又是一种实践哲学，它明确指出人的解放要以消灭私有制为最终过程，因而在马克思那里，“对天国的批判就变成对尘世的批判，对宗教的批判就变成对法的批判，对神学的批判就变成对政治的批判”。这种实践哲学成为最高意义上的批判哲学。

批判理论在哲学史上有过多种形态，特别是在18、19世纪欧洲大陆批判哲学风行的时代，批判理论一度成为时尚，但我们一般所讲的批判理论主要是指20世纪20年代以来以法兰克福学派为中心的深受马克思主义哲学影响的社会哲学学说。

二、国际关系研究中的批判理论概念

国际关系研究的批判理论也有多种分类。从批判哲学到批判理论的学术进程看，再结合当前理论研究的影响，国际关系理论界的批判理论主要有两支：一支是受法兰克福学派影响的批判理论，其发展路径是从霍克海默、哈贝马斯等哲学家到理查德·阿什利、安德鲁·林克莱特等国际关系理论家；另一支受新葛兰西主义的影响，其发展路径是从卢卡奇、葛兰西等马克思主义理论家到罗伯特·科克斯等新马克思主义国际关系学者。有趣的是，前一支主要是在欧洲，后一支主要是在北美。当然，这两支理论并不是截然分开的，科克斯的学说实际上也受到霍克海默的深刻影响。

从概念上来讲，批判理论又有广义与狭义之分。广义的批判理论是指除新现实主义与新自由制度主义以外对主流理论持批判态度的几乎所有的国际关系学说，包括以阿什利、R. B. J. 沃尔克、德里安为代表的后现代主义，以约翰·拉格、亚历山大·温特等为代表的温和型批判理论，以科克斯、史蒂芬·吉尔等为代表的新马克思主义，以彼特森、西尔韦斯特等为代表的女权主义，沃勒斯坦的世界体系理论以及生态政治学等。狭义的批判理论则专指在西方马克思主义与欧洲社会学传统（特别是法兰克福学派）影响下成长起来的国际关系理论。就这一点而言，它与后现代主义、世界体系理论、女权主义等有了程度不同的差异。广义与狭义的批判理论均有其合理性，我们使用“批判理论”的概念，不妨将广义上的批判理论称为“批判理论”，而将狭义上的批判理论称为“批判社会理论”。

三、国际政治批判理论形成的主要背景

国际关系批判理论在20世纪80年代的形成源于多方面的因素。首先，二战后的世界政治在20世纪70年代发生了转折性的变化，这种变化体现了经济全球化的巨大能力以及反全球化力量的初现。全球经济的相互依赖达到前所未有的程度，特别是在发达国家或地区出现了后主权时代的某些特征。反全球化力量也通过石油危机爆发、南南合作加强、非政府组织（NGO）兴起、南北对抗加剧、贸易保护主义回潮等形式发挥着作用。核武器、经济霸权、国际科技竞争等技术理性统治在成为国际政治中心操作的同时，也极端地压制着人的解放。国际关系的现代性面临合法性危机以及重建合法性的关键时刻，人类社会正处于政治大变动的转折点。这是批判理论形成的历史大背景。其次，国际关系学在经历了“方法论革命”后，面临着新一轮的理论重建，出现了实证主义大行其道的态势。20世纪50—60年代，科学行为主义并没有成为国际关系的主流理论，在英国学派领军人物赫德利·布尔为代表的传统主义学者的有力反击下，卡普兰等奉行科学主义方法论的美国国际政治学家们并没有做到以自然科学的方法将规范研究、伦理研究与定性研究从

美国学界清洗出去。但是，这次“方法论革命”还是产生了几个后果：一是大量的科学哲学思想与概念进入国际关系学界；二是华尔兹将传统主义与科学行为主义结合起来，以结构主义重建现实主义，开创了新现实主义问津话语霸权的时代。反对新现实主义的理论家们不满其话语霸权，对新现实主义的“阿喀琉斯之踵”提出质疑：主权国家是否是国际关系的唯一行为体？国际政治研究要不要注重经济组织、文化运动等非权力性因素？实力政治是不是国家对外政策的唯一模式？国际关系究竟是一种简单的物质关系，还是一种世界性的社会交往关系？自然科学方法能否全盘应用于国际社会研究？国际政治研究要不要将人类解放主题置于重要地位这些质疑也成为批判理论的主要旨趣。最后，欧洲思想的新发展，特别是以法兰克福学派为主要代表的西方马克思主义思潮，为反新现实主义的思想运动提供了理论资源。批判理论的兴起与该学派有着直接关系。作为西方马克思主义最主要的流派，法兰克福学派于创立于20世纪30年代初的，由一些哲学家、社会学家、心理学家、政治学家、经济学家、法学家和文艺理论家组成。它不但继承了西方马克思主义创始人卢卡奇、科尔施的“批判的马克思主义”传统，而且综合了弗洛伊德的精神分析学以及其他一些哲学流派的观点，对现代资本主义社会进行了多学科的综合性研究和剖析，形成其独特的“批判的社会理论”。从渊源上讲，法兰克福学派的批判的社会理论包括青年黑格尔派的理论先于实践、思维先于存在，存在主义关于人的主体性与异化的思想以及弗洛伊德的精神分析学说中的生物的解放。除此之外，法兰克福学派也受到卢卡奇的一些理论，如物化、强调主观的辩证法、否定自然辩证法等观点的影响。虽然20世纪60年代末期以后哈贝马斯等新一代批判理论家曾试图改变早期激进的批判立场，调和批判社会理论与实证主义的张力，通过提倡沟通理性来修补现代性，但对启蒙时代以来的理性与意识形态进行批判以及批判性重建一直是法兰克福学派的最宝贵遗产。上述思想根本上反映了对晚期资本主义社会、科学技术意识形态及与其相联系的现代性的批判应用于欧洲与北美的国际关系理论界之后，推动形成以关心人类解放与批判实证主义为主旨的国际关系批判理论。

当然，除上述因素之外，一大批受西方马克思主义特别是法兰克福学派深刻影响的欧美学者对于批判理论的介绍、钻研与应用也起到关键性作用。20 世纪 80 年代，科克斯、阿什利和林克莱特等把批判社会理论应用到国际关系理论领域，从认识论、本体论、方法论诸方面质疑并攻击刚刚上升为主流的新现实主义，掀起一场国际关系理论批评史上罕见的“批判风暴”。美国亚利桑那大学教授阿什利是“批判风暴”中最引人注目的理论家之一。英国凯尔大学教授林克莱特也许是“批判风暴”中最后一位重要的批判社会理论学者，他也是从哈贝马斯的批判理论中获得资源，并发展出自己对于世界政治结构的历史社会分析，以此展开对新现实主义的批评。从他们的批评文本里，我们基本上可以了解国际关系批判理论的基本理念。

第二节　国际政治批判理论的基本理念

国际政治批判理论没有形成一个缜密的学理体系，其基本宗旨在于批判新现实主义的种种“谬误”及其认识论、方法论甚至本体论根源。然而，其基本理念是清晰的，主要体现为对主流话语背后的实证主义、问题解决宗旨、技术统治旨趣以及战略理性的限制与批评的态度。

一、实证主义不能全盘应用于国际关系研究

反实证主义是霍克海默为代表的法兰克福学派的基本立场。霍克海默在其著名的《批判理论》中重点分析了实证主义。他认为实证主义就是一种传统理论，这种传统理论采取经验主义的、归纳法的、二元论的认识论，企图将自然科学的方法应用到社会研究领域。批判理论则反对这种二元论，坚持理论与实践的统一，宣扬理论的实践性与能动性，具有革命的、主体的自我意识。霍克海默承认，实证主义曾经在认识论

领域发挥过积极的社会功能。但是，随着时间的推移，启蒙运动的本质也发生了根本性变化。“今日启蒙运动”面临的任务是，适应现存社会向未来社会形态过渡的潮流，欢呼人类将第一次成为一个有意识的主体，并推动自身主动地决定自己的生活方式。在目前这样的历史时期，真正的理论是批判性的，而不是实证性的，正像与理论相应的社会不能被称为“生产型”的社会一样。人类的未来依赖于今日对生存所持的批判态度。批判理论不会完全否定实证主义，但那种不事反思、禁锢思想、将思想与社会割裂、否定思想的实践性的实证主义显然是需要限制的。

在信奉法兰克福学派批判理论的当代国际关系理论家群体中，阿什利最集中地批评了实证主义。阿什利归纳的“实证主义四信念”，用平白的语言可以叙述为：国际政治现实符合某种不以人类主体性为转移的因果关系或者结构关系；科学可以运用技术知识更好地提高人类的预见能力，控制人类改造世界的能力；真正的国际政治理论应该是价值中立的；国际政治理论是否科学，必须经过验证，看其能否与外部经验相符合。正是基于以上四个信念，新现实主义提出国际体系观念。然而，这种实证主义无法克服人类主体性的两个内在难题：一方面，国际社会的任何行为都是有意义的，都承载着一定的价值；另一方面，任何国际关系研究者都拥有自身的规范、价值观与理解力，人们不能把国际社会的观察者与观察者所处的国内社会与国际社会绝对分开，更不能像对待自然界那样把国际社会当成一个外在的、客观的“无声一般性”来对待。如果我们不批判地对待国际关系理论中的实证主义，那么我们就会像新现实主义一样，无法“有意义地理解国际体系”，我们所看到的国际体系就“像一个由各种力量组成的毫无意义的空心旋涡”，而对于权力的现状，则会采取华尔兹的超然态度、吉尔平的宿命论、克拉斯纳的好奇心或者罗伯特·基欧汉的韦伯式态度。总之，人类社会（包括国际社会）与自然界有着重大区别，在社会科学中贯彻实证主义难以克服阿什利所谓的人类主体性矛盾，故而不能将自然科学中的实证主义全盘应用到国际关系研究中来。在那些结构性、因果性和非意识形态性不甚强烈的领域，实证主义有其局限性，必须结合批判理论加以综合解释。

二、国际关系理论既要解决问题，更要关心人类解放

社会科学知识体系分为两种截然不同的理论观念，即传统理论和批判理论。在传统理论的思维中，“具体的客观事实的出现，用以把握事实的概念体系的实际运用以及这些体系在行动中的作用，都被看成是外在于理论思维本身的东西”。这种观念的异化造成价值与研究、认识与行动的对立和分离，导致传统理论不去认真对待理论在社会中的积极作用，也不去研究理论与普遍需求的满足之间的关系，更不会去关心人本身的再生产与解放。传统理论当然也在一定程度上承认人就共时性而言是主体与客体的统一。比如，虽然社会现实外在于科学家，但科学家又通过政治论文、党员资格以及参与选举活动建构社会现实，但传统理论不能把这两种活动统一起来，最多只有心理的解释。批判理论则是将两者有机地结合起来，认为科学家既要研究客观现象，又要行使社会批判功能，不可能做到价值中立，“任何一种社会理论，即便是关心普遍规律的社会学家们的理论，也无不包含各种政治动机”。批判理论旨在消除主客体的对立和人的异化，“只有消除了这种对立，批判思维所说的人的概念才不至于和人本身发生冲突”，才能推动人的解放。批判理论执行了一条不同于传统理论的目的论路线，它把任何理论均视为“具体历史情境”的产物，以揭露、废除晚期资本主义社会不公正现象为己任，是一种人类解放学说。

批判理论反映在国际关系领域，是要反思国际关系中的压迫现象，追问现存世界秩序的起源、实质及其合理性，寻找更加适合人类解放的国际政治实践模式。以科克斯、阿什利等为代表的国际关系理论家认为，完全从奉行实证主义路线的传统理论那里寻找答案是没有结果的。科克斯受到霍克海默关于“传统理论—批判理论”知识分类的影响，提出“问题解决理论—批判理论”的分类。他像霍克海默 40 年前批判社会学领域不问人类关怀的传统理论那样，尖锐批判了国际关系学领域

为现存世界秩序辩护的问题解决理论，指出目前的主流国际关系理论本质上均为问题解决理论。

批判理论认为，国际关系中的“问题解决理论”宣称以中立、客观的态度进行规律性研究，但脱离意图和政治目标的理论是不存在的。新现实主义的代表作《国际政治理论》肯定了科学行为主义关于理论的规定，接受了传统理论使用的主客体区别的二元论认识论以及与之相适应的自然主义研究方法，并立志建立一种科学的国际政治理论。这种理论虽然获得一定的成功，但实际上并没有做到价值中立。华尔兹本人后来也承认理论的检验标准既有真实性和证伪性，又有有用性，即对维持国际秩序和获得国际权力有用。华尔兹还从国际结构的角度出发研究均势，直接或间接地强调两极均势优于多极均势。结合当时的历史条件看，华尔兹的这种观点实质上解决了一个美苏共同管理国际事务状态下如何确保国际稳定的问题，本质上是服务于美苏合作霸权的政治目标的。从一定程度上讲，新现实主义实际上代表了国际霸权秩序对社会力量的压迫。要清理新现实主义中“问题解决理论”的负面影响，就必须重视批判理论的批判功能，将马克思主义哲学的社会冲突理论、帝国主义论、国家与市民社会关系理论特别是将生产进程解释为特定历史形式的观念，纳入国际关系批判理论中，在适当考虑解决眼前具体问题的同时，更应像布罗代尔那样从“长时段”考虑世界秩序，“考察生产变化、国家形态变动以及世界秩序变迁之间的联系”，追问“当今的时代是否为那些世界结构的历史断裂点之一？目前的世界形势是否包含着另外一种世界秩序的发展潜能?”应批判地思考人类的未来，从世界交往的层面找到一条更适合人类解放的道路。

三、技术统治旨趣是当前国际关系理论建设中的大敌

何谓旨趣？旨趣就是兴趣或者乐趣，它贯穿于日常工具行为与交往行动中，是“与人类再生产的可能性以及与人类自身形成的既定条件——劳动与相互作用——相联系的基本导向”。它先于认识，指导认

识，同时也只能借助于认识的力量实现。认识与旨趣真正统一于自我反思的领域。不同的认识旨趣决定不同的科学活动。人类旨趣分为三种，即技术的旨趣、实践的旨趣和解放的旨趣。技术的旨趣是人类使用技术手段认识与征服自然界的旨趣，目的是把人类从自然界对人的奴役中解放出来，使人类能够了解自然，控制自然，向自然立法，使自然为人类发展服务。技术的旨趣与自然科学有着紧密的联系，并为后者奠定了基础。实践旨趣与技术旨趣不同，它针对的是自然界以外的精神世界，与精神科学相联系，主要是指“维护人际间的相互理解以及确保人的共同性的兴趣”。实践旨趣集中反映在历史诠释学之中。技术旨趣与实践旨趣对于人类的解放均有意义。技术旨趣推动人类自身从自然界的盲目统治中解放出来，实践旨趣推动人类从僵硬的意识形态的依附关系中解放出来。科学技术的发展使技术旨趣不断实现与扩张，而现行社会制度特别是政治、经济、军事机构对社会的全面统治则压制了对话，阻碍了共识与相互理解的形成，破坏了实践旨趣的发展。批判理论认为目前的任务应是抑制技术旨趣，光大实践旨趣，要做到这一点就要重视解放旨趣。解放旨趣的目标是把“主体从依附于对象化的力量中解放出来”，实际上是人类对自由、独立和主体性的兴趣，批判理论的基础就是解放旨趣。

国际关系理论界存在着技术旨趣主导的状况。在批判理论家看来，主流国际关系理论特别是新现实主义在改造传统政治现实主义的过程中，流失了原本存在的实践旨趣，实质上反映了以实证主义的技术统治旨趣压迫并取代实践旨趣的进路。在“方法论革命”之前的时代，国际关系理论曾经有着技术旨趣与实践旨趣的相对平衡。E. H. 卡尔、莱因霍尔德·尼布尔和汉斯·摩根索等现实主义学者在其理论构建中都体现出鲜明的实践旨趣。以对无政府状态的界定为例，政治现实主义认为在一个无政府的世界里，为了维持和平需要最大化地追求权力，这只是为无政府状态下的和平困境提供了一种实践出路，而并没有将无政府状态“物化”。在卡尔的《二十年危机》、尼布尔的《基督教现实主义和政治问题》以及摩根索的《国家间政治》中，政治现实主义都注重历史的分析、价值研究和定性研究，并不排除和否定道义、偶然性和特殊性在国际政治中的作用，都将科学实证主义分析局限在一定的范围内，对无政府状态的强调也只是作为整个权力政治研究的一个实践框架。但在华尔兹那里，实证主义、自然主义代替了原有的历史、价值、反思和实践关怀，无政府状态上升为一种物化的国际结构，国家只能在它的统治制约下行事。现实主义主导和解释下的国际政治理论由此成为一种技术统治工具、一种问题解决理论。为了正本清源，解放国际政治理论中被压抑的实践旨趣，有必要抵制新现实主义的实证主义技术统治，将批判社会理论纳入国际政治理论中。国际关系批判理论认为，技术统治的旨趣对于理论建设不是毫无意义的，但它只是多种旨趣中的一种，在世界政治发生转折性变化和国际关系理论发展多元化的今天，我们的理论旨趣不应像19世纪那样倡导技术统治旨趣，而应更多关注与批判理论相联系的解放旨趣，技术统治旨趣是国际关系理论建设中的大敌。

四、建设世界共同体有必要限制战略理性，提倡沟通理性

批判理论要寻找一种适合人类自身解放的共同体形式，就必须拥有一种合适的理性形式。世界共同体的建设基于国际共同体，而国际共同体是存在诸多困难与矛盾的。要消除这些困难与矛盾，有必要限制战略理性，倡行沟通理性。哈贝马斯的沟通理性理论对以林克莱特为代表的国际关系批判理论无疑产生了重要影响。

哈贝马斯认为，人类理性可以分为认知的工具理性和沟通理性；而与理性相联系的行动，也可分为遵从认知工具理性的行动（包括非社会的工具性行动和具有社会情势背景的战略行动）以及遵从沟通理性的行动。这样，人类理性及行动就有了三种模式：工具理性（行动）、战略理性（行动）和沟通理性（行动）。其中沟通理性是一切话语的前提，是评判个人认知和社会组织的标准。就批判理论而言，其任务就是要高扬人类的沟通理性，将之从技术工具理性和社会战略理性的压迫下解放出来，重建理想语境下主体间自由沟通和理解的前提条件。林克莱特把

哈贝马斯的理性分类运用到国际政治理论分析中，认为国际社会中存在三种理性化，即技术—工具理性化、道德实践理性化和战略理性化。技术—工具理性化是指人类学习如何控制自然，道德实践理性化是指人类学习如何建构秩序和社会公意，战略理性化是指人类在实际的或潜在的冲突情势下如何把握和控制他人。在国际政治理论界，技术—工具理性化与强调生产力、世界经济决定作用的马克思主义国际政治理论是有联系的，道德实践理性化与林克莱特等批判社会理论为代表的革命主义国际政治理论有内在的一致，而战略理性化则与新现实主义密不可分。

在国际关系批判理论家看来，代表批判理性的革命主义、代表技术—工具理性的马克思主义和代表战略理性的新现实主义处于一个多样性的理论世界中，它们之间的关系是一种互补关系，而不是压迫与被压迫的关系。处于主流地位的新现实主义尤其需要向其他两者学习，因为其他主义特别是革命主义拥有新现实主义“战略理性”最缺乏的人类关怀。为什么这么说呢？众所周知，新现实主义用结构主义改造现实主义，更加重视国际结构对行为体的物质性限制，而不重视行为体的实践作用。相反，革命主义与马克思主义则相对强调实践理性的作用。上升到政治立场来看，新现实主义关注的是政治控制技术，是从两极格局下美苏斗争的需要出发阐释“两极体系是最稳定的国际体系”，对全球范围内的实践活动特别是关乎社会发展的全球危机等问题则采取置之不理的态度，这在一定程度上妨碍了人类对自由的追求与自身的解放。弥补新现实主义的缺陷有多种方式，其中最重要的方式就是重新界定国家，这涉及世界共同体的性质。

从历史的长河看，共同体是一种动态的过程，是多元存在的形式。国家本质上是一个道德和政治共同体，是社会历史发展到一定阶段的产物。国际关系理论需要有一种“国家结构的社会学”，这种社会学的目的是解释国家是如何被人类历史建构的，特别要解释那些促使主权国家形成并将国家与外部世界疏离的社会纽带是如何随着历史变化而变化的。我们从黑格尔与罗蒂等政治哲学家那里得知，历史哲学的每一步发展都有相应的人类共同体形式，而每一种更高形式的共同体的出现，都意味着人类自由前进了一步，人类由此将获得某种意义上的解放。人类的共同体从家庭到部落，从部落到国家，体现了历史进步性，但是并没有终结历史。人类的美好目标是建立“一个由拥有与人性相一致之特征的权利和责任的自由人组成的社会”，也就是马克思所说的共产主义社会。这种社会用康德的话说就是普遍律令的理性社会。目前，人类社会正处于由共处原则的理性社会向普遍道德律令的理性社会过渡的阶段，从个体的身份转化角度看，即由公民身份向人类身份转换的过渡阶段。在这个过程中，新现实主义的战略理性扮演了消极的角色。因此，建设有利于人类解放的共同体，就必须支持沟通理性为主导的社会，而非战略理性为主导的社会。

第三节　国际政治批判理论的影响

国际关系批判理论的上述理念振聋发聩，在 20 世纪 80 年代初挑起一场罕见的论战。尽管理论界对这次论战的主题并无异议，但由批判理论登高一呼而引发的“批判风暴”所带来的影响则是公认的，即国际关系理论由此进入多元发展、百舸争流的局面。其中，批判理论本身的影响也是开创性和多方面的。

一、批判理论的发展对国际关系元理论特别是认识论产生了重大影响

在国际关系学科建立之初，学者们最关注战争与和平问题，元理论并没有成为一个单独的领域。对国际关系元理论的大讨论是从“方法论革命”开始的，这说明方法在相当长的时期以及相当多的国际关系研究者那里是最基本、最紧迫、最值得研究的领域。其实，方法论、认识论与本体论是不可分的。方法论的讨论必然涉及认识论，而认识论也与本体论脱不了干系。20 世纪 60 年代的“方法论革命”成就了新现实主

义，也造就了新现实主义的话语霸权，但这种霸权的解体首先是从认识论开始的，而认识论的大讨论正是肇始于国际关系的批判理论。像法兰克福学派那样，阿什利、科克斯、拉格等人猛烈反对主流理论的实证主义思想。对实证主义的批判过程就是国际关系认识论的转向过程。批判理论认为对国际社会的认识不可能如新现实主义那样持客观中立的立场。人本质上是社会动物，国际社会具有相当的社会性，国际政治既有类似自然界的规律性，也有国家与个人等国际关系行为体的实践建构性，认识自然界可以用主、客体二元分立的做法，但认识人本身、认识国际社会却不能做到二元对立，主体间性与国际政治的非因果性决定了国际关系研究本身不能采取完全的实证主义。批判社会理论的这种认识论的转向也进一步对抗了科学行为主义在国际关系理论中的影响。当然，批判理论的认识论讨论还揭开了国际关系本体论讨论的序幕。

二、批判理论提出关于社会科学理论的新界定

实证主义概念中的“科学理论”是某一学科若干命题的综合，其前提是将人类的整体认识加以分类，即把客体与判断划分到各个不同类型的知识领域。“在传统科学那里，每一件事都是必然的，或者说，没有一件事是必然的，因为必然性意味着事件独立于观察者或绝对肯定的预测的可能性。但是，主体即使作为思考者也并非完全脱离社会斗争。”这种主流的社会科学理论定义实际上是存在特殊的领域与普遍的理论努力之间的张力的，也存在着忽视主客体相互联系的现实。用科克斯的话来说，“将紧密联系着的现实社会世界分割成多个相互分离的领域”虽然有助于提高理解力，但“实践的知识在最初总是不全面的或支离破碎的”。具体到国际关系领域，将国家与市场社会区别开来在18、19世纪具有实践意义，对于维护个体主义与主权制度功不可没。“然而，在今天，国家与市民社会如此地相互渗透，以至于这些概念几乎变成纯分析性的概念，仅可用来非常模糊和不精确地标示不同的活动领域。”在批判理论看来，全面而不是分割地看待国际社会，批判而非假定地认识世

界秩序，定性与定量相结合而非完全实证主义地归纳事实，才是正确的社会科学理论。

三、批判理论动摇了新现实主义的话语霸权，推动了国际关系理论的多元发展

批判理论对主流理论主要是新现实主义进行了猛烈的批判，这种批判极大地削弱了元理论根基，揭露了理论背后的政治意图，动摇了僵硬的实证主义认识论与物质主义本体论，为以基欧汉为代表的新自由制度主义上升为主流理论创造了条件，促使阿什利等更为激进的学者转入后现代主义和后结构主义寻求解构“国际关系”的资源，也为社会建构主义的发展提供了本体论遗产。同时，这一过程也促使主流理论检讨自己的理论缺失，并在一定限度内与边缘理论进行对话。国际关系理论界由此进入一个更加活跃、更加多元的百家争鸣的新时代。

四、批判理论为社会建构主义的诞生准备了知识基础

经过“批判风暴”的洗礼，学界越来越认识到国际关系体系是一种社会历史产物，而不是物质结构，不是新现实主义所谓的物质实力之对比，国家、国际体系都是历史实践的产物，是可以通过实践改变的。这一点成为后来新现实主义和新自由制度主义最难反驳的领域，也是建构主义的最得意之处，主流建构主义正是在“本体论革命”的基础上建构起较为完整的建构主义理论体系的。同时，批判社会理论长于思想批判、疏于理论建设的缺憾也被学界强烈意识到。理论要进一步发展，离不开批判理论的知识积累，但又必须超越它。1989 年美国学者奥那夫企图以建设性的态度改造批判理论，并建议冠以“建构主义”这个新的名字。从此，建构主义在理论体系建设、汲取实证方法论、调和认识论等方面不断超越批判社会理论，向主流理论方向迈进。

五、批判理论为我们进行马克思主义国际关系思想研究提供了启示

通过对批判理论的研究，我们应该承认，马克思主义对当代西方国

际关系理论有着深刻的影响——有的是直接影响，如批判理论；有的是间接影响，如马克思主义哲学对于建构主义的影响。我们不能忽略马克思主义国际关系理论的批判性。马克思主义哲学是批判哲学而不是简单的物质主义哲学。当代中国马克思主义国际关系理论的建设不能忽略理论的批判性。当然，批判理论关于马克思主义的认识也有其片面性，例如将马克思主义当成自然主义方法论，完全忽视唯物史观在承认社会结构的历史性、社会性方面的重要贡献；全盘接受法兰克福学派关于重建马克思主义的理论并服务于对国际政治的解说；在社会科学领域持贬低实证主义的过激立场；在肯定国际关系是社会本体论的同时又陷入唯心主义的做法，等等。我们虽然与批判理论有着较大的不同，但它提出来的实践观念以及社会实践本体论思路应该成为我们研究马克思主义国际关系理论的一个切入点。

当然，国际关系批判理论也有缺陷，如其概念体系有失缜密、批评性多于建设性、学理性多于实践性，不一而足，特别是后者更容易为当代的实践家所诟病。我们认为，它对国际政治实践并非全无影响。在革命的时代，它曾经是国际共产主义、被压迫民族以及世界社会主义等各种革命、进步力量追求解放的理论源泉。在当下，社会主义国家利益中的意识形态利益界定，全球民间社会对当今国际权力体制的挑战，世界各地的反全球化、反科技异化与反霸权主义的行动，边缘文明与核心文明的对话，南北方关于世界秩序的斗争，甚至某些以解放人类为旗帜的暴力运动，均令人感受到国际关系批判理论的政治影响力。

第四节　法兰克福学派批判理论与马克思批判理论的比较

批判精神是马克思主义学说的灵魂。在 21 世纪，“西方马克思主义”的劲旅法兰克福学派面对着西方人所面临的普遍的文化—历史困境，以及人的异化受动的存在方式，宣称马克思主义作为批判资本主义的理论并没有过时，而且在马克思主义的整个学说中最有价值的就是对资本主义所做的批判。为此，他们高举发扬马克思主义批判精神的旗帜，超出抽象的思辨王国，积极关心社会问题，致力于从经济、政治、法律、文学艺术、社会心理等各个方面去研究和批判所谓发达的资本主义，从而形成其闻名一世的社会批判理论。从理论渊源上看，这一批判理论直接继承了马克思《1844 年经济学哲学手稿》（以下简称《手稿》）中的异化理论和人道主义思想，所以二者有着表面上的似同之处。但是，从总体上看，法兰克福学派割裂了马克思主义的批判性与科学性的统一，片面强调它的批判性而否定其科学性，因而马克思主义的革命精神和现实批判的锋芒被他们所钝化。为了有助于我们辩证、全面地认识和把握当代西方社会，在新的形势下坚持和发展马克思主义，本书试将两种批判理论做一辨析。

一、价值批判与科学批判

对资本主义社会进行批判，这是马克思主义中一个重要的理论主题，青年时代的马克思在《手稿》中通过对人的本质活动和存在方式所做的正面分析（自由自觉的活动）和负面分析（异化受动的活动），大力弘扬了人类理性的自我批判精神，揭露了资本主义社会对人性的摧残。成熟时期的马克思不懈地探讨资本主义社会经济的发展规律，从剩余价值理论出发，批判了资产阶级对无产阶级的政治压迫和经济剥削。法兰克福学派的思想家们主要是从马克思的早期文本中来理解马克思的批判理论。在他们看来，随着资本主义的发展，马克思早期批判资本主义的方法日益显示出生命力，而他在《资本论》中所采用的批判方法已经不合时宜了，用剩余价值理论来分析现代资本主义社会，展现在人们面前的似乎是一个“矛盾消失了的世界”。因此，他们得出结论，马克思对资本主义的批判，从本质上说是伦理的而非经济的。基于这样的认识，他们要求对资本主义社会的批判，要回到马克思早期的轨道上来，从异化劳动理论出发，把批判社会对人性的压抑、摧残作为重点。

不仅如此，他们还以“马克思异化理论的现代化者”自居，公开提出用弗洛伊德的精神分析理论来“补充”和“发展”马克思的批判理论。他们认为，虽然马克思为如何批判资本主义社会指明了方向，但马克思对人本质的规定是“含混的”“肤浅的”，忽略了对人的心理的研究，因此在评判现代资本主义社会是不是压抑人性时，它缺乏具体的标准。有鉴于此，他们接受了弗洛伊德关于文明起源于对本能的压抑的观点，竭力把弗洛伊德主义同《手稿》的人道主义及异化思想糅合在一起，提炼出人的本质是“爱欲”的思想，并从分析个体人的生物的、心理的和非理性的生存状态入手，分析当代资本主义社会的各种矛盾和关系，强调高度发达的科学和物质文明对人性严重的压抑乃是当代西方资本主义社会的问题之所在，这主要体现在以下两个方面：

第一，西方社会的现代化、工业化与个人自由之间的矛盾。在工业文明社会，科学技术异化为社会控制的工具这一事实同时表明技术合理性成了统治的合理性，技术合理性正趋向于变成极权主义，并且这种具有极权主义特征的技术合理性已经扩展到发展工业社会的各个领域，以至于使“潜在自由和现实压抑之间的脱节日趋严重”，人已变成缺乏否定精神、没有批判意识、更无超越欲望的单向度的人。不仅马克思当年所描述的那几种存在于劳动生产领域的异化形式仍然存在并有了新的发展，而且产生了许多新的异化形式，诸如自由异化、消费异化、政治异化、精神异化和社会关系异化等，所以当代发达资本主义社会是一个不合理的、畸形的、人性严重异化的病态社会。

第二，现代科技文明与环境人化的矛盾。在现代西方工业社会，随着资本的积累，经济增长以一种无计划的、自然而然的方式制度化了。这种既有的增长机制，会迫使资本家不断扩大商品生产的领域和规模，利用科学技术盲目地、无节制地开发自然资源。而这种过度生产必然造成资源浪费和环境污染，于是在技术理性的支配下，人对自然的关系深刻地敌意化了，不仅人对自然的改造以剥夺自然的诗意为代价，而且人对人的统治也以人对自然的统治为基础，自然界已变成“商品化的、受污染的、军事化的自然”。这样的自然“不仅从生态的意义上，而且从生存的意义上缩小了人的生活世界，它妨碍着人对他的环境世界的爱欲式的占有；它使人不可能在自然中重新发现自己，无论是异化的彼岸，还是此岸；它也使人不可能承认自然是自生的主体——人和这一主体生活在一个共同的世界里”。

很显然，法兰克福学派以现代资本主义社会为批判对象，其目的是暴露该社会对人性的全面压抑。他们通过对该社会的人性异化所做的全方位扫描，激烈地抨击了当代西方社会的机器操纵人、机构驾驭人、物欲奴役人的非人道的现象；如实地揭示出人处于物质丰富、精神痛苦，生活优裕、心理失常的异化状态；深刻地批判了当代资本主义制度下对自然的掠夺性利用和对生态平衡的破坏以及这一切给人与人的关系所带来的破坏性影响。他们对当代资本主义社会合理性的否定无疑是坚决的、彻底的，对资本主义政治、经济、文化、社会关系诸领域各种异化现象的揭露也是全面的、无情的。但他们这种否定、揭露只是站在抽象的人道主义立场对资本主义社会现实的声讨，而不是立足于科学基础上的剖析，因而他们对当代资本主义社会的批判只能是一种价值悬设的道德批判，其在根本上是非科学的，是与马克思的科学批判精神背道而驰的。

首先，法兰克福学派“继承”的是马克思早期从人本主义异化史观出发的哲学批判，丢弃的是马克思成熟时期立足于唯物史观和剩余价值理论的科学批判。众所周知，马克思的社会批判本质上不是一般的、单纯的价值判断活动，而是一种反思性的历史认识、评价活动。它是将一定社会及其历史作为认识、反思的对象，从而正确地认识现实社会，并对其本质特征、社会内部事物的种种优劣做出合乎历史发展规律的认识。虽然马克思在早期主要是从异化劳动理论出发对资本主义进行批判，但这种批判是尚未摆脱费尔巴哈人本主义的价值批判，后来被马克思所扬弃。成熟时期的马克思对其早年的价值批判进行了现实的理论定位，说明资本主义社会本身是历史性产物，真正的批判只能源于现实的社会生活中。在资本主义社会，由于其总体性社会关系的内在矛盾，其本身便包含自我批判的张力。因此，要真正实现对资本主义社会的科学批判，就必须深入资本主义社会的现实结构、活动和矛盾之中，对现实资本主义进行严格的政治经济学的解剖。在《资本论》中，马克思已不再用异化概念来说明经济范畴和经济现象，而是用社会分工、生产力和生产关系的矛盾，经济基础和上层建筑的矛盾，阶级之间的矛盾以及一系列经济范畴来说明异化概念和异化现象。他还运用把“完整的表象蒸发为抽象的规定”，然后使“抽象的规定在思维行程中导致具体的再现”的方法，进一步分析了资本主义社会关系的矛盾规定性，得出资本关系（本质上即雇佣劳动关系）是资本主义的基本生产关系这一结论，进而发现了剩余价值规律。运用这一规律，马克思揭示了资本主义社会生产的社会化与生产资料的私人占有制之间的内在矛盾，指出资本主义社会生产、交换、分配、流通中的二律背反难题：一方面，资本关系促进了科技、生产力的发展，促进了生产的社会化、市场一体化，导致人们的生活交往出现世界性趋向；另一方面，资本主义生产方式的进步，又必然会导致资本利润率下降和无产阶级贫困化的内在趋势。这种经济危机乃是导致资本主义私有制崩溃与瓦解的内在根据。这样，马克思就从对资本主义社会基本矛盾的分析中引发出批判资本主义社会的批判力，进而在综合的意义上揭示了资本主义生产方式对一定历史时期的必然性及其自身灭亡的必然性，最终完成对资本主义由外在价值批判向社会内部自我批判的转换。但是，法兰克福学派的“社会批判理论”吸收的并非马克思理论中的本质的东西，该学派对马克思的《手稿》中关于人的本质及其异化的理论特别重视，并力图用这一理论来作为批判现代西方社会的武器。显然，他们忘记了马克思主义是科学性与批判性的高度统一，忘记了马克思主义之所以能成为革命批判工具首先在于它是一种科学的体系。正是在对资本主义社会关系的矛盾分析之中，马克思主义才显现出强烈的社会批判力。

其次，法兰克福学派对当代资本主义的批判是一种人本主义的批判。他们高扬马克思社会批判理论的道德价值，却忽视了该理论的科学意义与他们奉行抽象的人道主义是直接联系的。马克思的社会批判理论强调合目的性和合规律性的统一、价值判断和科学判断的统一，把价值判断建立在科学判断的基础上，并且，把人类价值观念的形成、发展和最终实现看作一定物质生产方式发展和变革的结果。它要求我们对资本主义进行“唯物主义的批判”。列宁说：“……只有这种批判才是科学的批判，这种批判就是把政治、法律、社会和习俗等方面的事实拿来同经济、生产关系体系，以及在一切对抗性社会关系基础上所必须形成的各个阶级的利益加以对照。”离开社会的经济关系、生产关系体系和社会的阶级利益，去揭露现代资本主义社会的矛盾和病症，这种批判只能是唯心主义的。法兰克福学派在揭露和批判发达资本主义社会的压抑和异化中，反复探索而不能为人们指出一条摆脱它的正确道路，甚至引导西方社会的“新左派”不断碰壁，一个根本的原因就在于：他们的批判理论离开了马克思主义的辩证唯物主义和历史唯物主义，而转向唯心主义；由对人们之间现实的社会关系的具体分析转向抽象的人本主义和精神分析。他们把弗洛伊德理论中荒谬的部分（即关于人的本质是生物遗体本能的冲动的观点）作为批判现代资本主义社会的理论依据，把抽象的人、人的存在、人的本质及其异化等当作解释历史的基本原则，把社会历史看作人的本能冲动（爱欲）与科学理性、社会文明相冲突的历史。显然，这是在用人生理的和心理的动因来代替社会发展的根本的经济动因，用抽象的“社会与人性的对立”来取代资本主义的基本矛盾和主要矛盾。这种回避甚至掩饰现实矛盾的批判，不论其言辞多么激烈，也未能真正揭示出造成当代资本主义弊病的根本原因。因此我们有理由认为，要抓住现代资本主义社会的本质，解决现代资本主义的根本问题，就要研究它的新变化、新特点与社会的经济关系、社会的生产关系体系、社会的阶级利益之间的关系。当代资本主义的确有新的变化，但是其生产关系有限度的调整并没有根本改变其深层的无法摆脱的对抗性矛盾，资本主义的本质否定仍然植根于自身的政治经济结构之中，资本主义的最终灭亡也只能基于这种历史性的客观生产方式的内在瓦解。可是，法兰克福学派的思想家们却忽视了资本主义固有的内在矛盾和制度性危机，他们离开现实的经济基础去刻意发现当代资本主义社会的新现象，逻辑地使用异化结构去评判现象，其结果只能是落入非科学的人本主义。

二、形而上学的批判与辩证的批判

法兰克福学派的“社会批判理论”的特征，正如霍克海默所认为的那样，是要破坏一切既定性、事实性的东西，证明它们是不真实的，所以它是作为一种否定一切的理论出现的。否定的辩证法是该理论的哲学基础，其特点是反对马克思主义关于对立面同一或统一辩证法的核心理论，主张从同一性转向非同一性。阿多尔诺曾说：“辩证法就是对非同一性的一贯认识。”他在谈到矛盾问题时，更强调矛盾就是“非同一性”，就是非此即彼，对于矛盾只适用排他律，既没有亦此亦彼，也不存在对立统一。而他之所以突出“非同一性”，主要目的是为了反对否定与肯定的辩证统一，反对否定之否定规律。在他看来，肯定与否定不能有任何联系，肯定就是绝对的肯定，凡是肯定的地方没有否定；反之，否定则是不包含任何肯定因素的绝对否定，是否定一切的全盘否定。阿多尔诺主张用非同一性代替同一性，用绝对否定代替辩证否定，用矛盾的不可解决性代替矛盾的对立统一，这种态度和立场在很大程度上代表了法兰克福学派“社会批判理论”的基本倾向。对于这种“否定的辩证法”来说，已不存在什么新陈代谢的过程，也没有什么前进运动。由于绝对否定是“存在的最高原则”，否定的结果必将使一切归于虚无；在否定的过程中，一切对立物相互吞噬、相互消灭，“运动的结果回复到它的开始阶段，将它宣布为死亡”，一切归于崩溃，所以“否定的辩证法是一种崩溃的逻辑”。

这种“崩溃的逻辑”可以说是“否定的辩证法”之精髓。借助这种逻辑，法兰克福学派在批判当代西方社会时曾得出一些激进的结论：它批判肯定的“实证思维”与现存社会秩序相调和，崇拜事实，不能区分本质与现实，不能理解否定性，并由此导致顺从主义、保守主义；它指责现代资本主义社会采用高工资、高福利、高消费的政策，成功压抑了人们内心中的否定性、批判性和超越性的向度，使该社会成为单向度的社会。因而，它强调要揭露矛盾，揭露利用科学技术手段对人的新型的控制与奴役，猛烈抨击西方工业社会是“病态社会”，并号召人们起来拒绝资本主义的一切。从这点来说，无疑具有反对资本主义的积极的意义。但是，必须指出这种“否定的辩证法”有着明显的缺陷。由于它只强调了“非同一性”，而避开或不提“同一性”，甚至认为“同一性”是虚假的，因而陷入片面性，其结果往往会导致“打倒一切”的简单化的极左倾向。这种简单化的批判仅限于在批判的对象上面打上一个符号，简单地把对方肯定的东西变成否定的东西。结果，从形式上看是否定了对方，但在实质上不但没有战胜对方，反而常常遭到客观逻辑的无情报复。显然，法兰克福学派的这种充满极端虚无主义的绝对否定论与马克思主义辩证法的否定观是根本对立的，实质上是一种否定一切的形而上学。

马克思对资本主义的批判不是为批判而批判，而是“希望在批判旧世界中发现新世界”，因而它本身是一种以辩证否定为基本方法的建设性批判。马克思指出：“辩证法，在其合理形态上，引起资产阶级及其夸夸其谈的代言人的恼怒和恐怖，因为辩证法在对现存事物的肯定的理解中同时包含着对现存事物的否定的理解，即对现存事物的必然灭亡的理解；辩证法对每一种既成的形式都是从不断的运动中，即从它的暂时性方面去理解；辩证法不崇拜任何东西，按其本质来说，它是批判的和革命的。”这种辩证的批判乃是历史唯物主义最本质、最有意义的方法论功能。其科学性就在于，它的任何否定都是建立在对客观世界详尽而又客观的认识基础上，并且是以对现存事物的某种肯定为前提的，它是扬弃而不是否定一切。据此，马克思把资本主义作为人类历史发展中的一个环节来批判，既指出它在历史上起过“非常革命”的作用，又指出它必然灭亡、必然被社会主义所代替的历史命运。在马克思看来，社会主义对资本主义既不是断然地绝对否定，也不是和平地全盘继承，而是一个既有否定又有继承、既有吐故又有纳新的新陈代谢过程。列宁也反复告诉我们，社会主义代替资本主义是必然的，但代替的具体形式则是辩证否定的形式，代替的同时也有继承、借鉴和吸收。社会主义完全可以利用资本主义发达国家的一切反映现代社会化生产规律的先进经营方式和管理方法来完善与发展自己。

由此看来，只有马克思主义真正坚持了社会批判的创造性原则。而法兰克福学派的社会批判仅停留在单纯否定性的阶段，他们把辩证法变成对概念灵活性的主观应用，反对对客观世界进行科学的理性分析，拒绝探求客观事物的辩证运动规律，把否定的作用绝对化为虚无主义的否定，因此当把它用到社会批判中去时，除了空洞地否定一切以外，提不出任何积极的合理的目标来，最终只能陷入悲观绝望之中。他们对几个世纪以来工业社会科技化、合理性的发展结果是悲观的，对被他们认为已整合到现存秩序中而丧失了革命动机与动力的大众是失望的，对西方社会的前景是迷茫的。阿多尔诺甚至认为，绝望是历史和社会造成的最后意识形态。马尔库塞也承认，“社会批判理论并不拥有能够在现在和它的未来之间架桥沟通的概念；不抱任何希望，也不显示任何成功，它只是否定。它仍然忠于那些没有任何指望地已经献身和正在献身于大拒绝的人们”。可见，法兰克福学派离开了建设性的形而上学批判，不仅不会给西方资本主义带来任何真正的威胁，反而会泯灭人们心中对社会发展的希望，把人们带进绝望的深渊。

三、理性批判与实践批判

把理论研究的主题从社会政治经济转换为社会意识形态和文化，是法兰克福学派“社会批判理论”的又一个基本特征。从 20 世纪 40 年代霍克海默和阿多尔诺的《启蒙的辩证法》，经过 50 年代马尔库塞的《爱欲与文明》，一直到 60 年代马尔库塞的《单面人》、哈贝马斯的《作为“意识形成”的技术和科学》，都贯穿着“文化 = 意识形成 = 操纵性工具”的典型模式。他们认为，随着人类社会进入发达工业文明阶段，资本主义社会政治—经济制度对人们的统治，已经转向一种技术性统治，并达到高度“合理”，这种合理性的实质就是作为第一生产力的科学技术直接成为统治阶段的意识形态工具。据此，他们把现代资本主义国家的极权主义看作一种文化、意识形态的极权，而造成这种极权主义性质的不是恐怖与暴力，而是技术的进步。技术进步造成一种“控制的新形式”。今天，在西方工业社会，以现代科学技术为背景的大众传播媒介，已把统治阶级意识形态通过各种渠道渗入人的生活方式之中，使外在的统治、压迫日益内化在人的生活方式之中，直接阻止了人的真正自由发展。因而，他们主张将批判矛头直指西方社会的现代文化，以及技术文明造成的文化心理结构，并由此展开意识形态批判、技术理性批判、大众文化批判、性格结构批判、心理机制批判等文化批判主题，形成其独具特色的文化批判理论。与此同时，针对日益发展的科学理性、社会文明对个人爱欲的压抑，他们还进一步强调现在要进行的革命已不再是推翻政权和改变经济制度的革命，而是改变人的心理结构、解除人的心理压制的“意识革命”“文化革命”；未来的理想社会也不再是马克思所说的建立在生产资料公有制基础上的各尽所能、按需分配的社会，而是一种“心理健全”、以“爱欲”为中心和以人的本性的彻底解放为根本目的的社会。

应该肯定的是，法兰克福学派从文化层面对现存资本主义社会进行的全方位的批判，从不同的侧面反映出西方社会的理性文化模式在人的异化和生态破坏的背景中已陷入危机，这为我们正确认识发达工业社会中出现的新现象、新情况和新问题提供了重要的材料基础。特别是他们所揭示的西方社会精神文化上的非主体性现象，也是值得我们认真思考的新问题。因为这种精神观念的非主体化，已经不是简单地颠倒为物的力量，而是理性本身从内心自己奴役自己，并据以肯定现实中资本的统治。法兰克福学派的文化批判理论，相对于过去单纯从饥饿、人身依附、暴力等肉体强制的角度来认识、批判资本主义制度，显然更具有说服力。

尽管如此，我们仍应看到该学派对当代资本主义的批判貌似激进，但实际上是把社会批判局限于意识批判。他们倒转了马克思本身的思想发展轨道，注意的焦点由经济基础转移到哲学和文化等上层建筑。他们并没有真正理解马克思批判意识的基点，因而其社会批判误入了歧途，陷于偏颇。

首先，他们社会批判的基本方向与马克思、恩格斯截然相左。马克思、恩格斯的社会批判坚持把针对“副本”（上层建筑）的批判归结为针对“原本”（经济基础）的批判。他们总是从纷繁复杂的社会现实中区分出现象与本质、表层存在与深层存在、上层建筑与经济基础等，然后以人之超越性和批判性的实践活动为基本出发点，从本质、深层存在和基础出发去对现象、表层存在或上层建筑做出评判，说明后者存在的根据和自我分裂的原因，指出其被超越与扬弃的历史必然性。这一方法构成马克思唯物史观的基本方法。但是，法兰克福学派却背离了马克思学说的唯物主义基础，他们无意批判西方现存的社会政治经济制度，更不愿去具体考察现代西方社会生产方式、社会政治经济特性是如何制约和影响现代西方社会文化面貌、人们的文化心理结构的，而只去批判西方社会的现代文化。因而，尽管他们一再声称要发扬马克思主义对资本主义文明的批判精神，但是这种批判早已不像马克思本人那样针对资产阶级社会的物质基础和现实矛盾，而是针对它们在文化和意识形成领域的反射与回声。在他们那里，关于资本主义的经济分析已为“物化意识”的批判所取代，对资产阶级社会的政治探讨也为超越时空的心理分析和文化批判所替代。所以，这种批判充其量是一种浮在社会现象表层的道德说教，它决定了法兰克福学派对当代资本主义的否定最终只能陷入乌托邦式的幻想之中。

其次，他们所谓的技术理性批判显然也消解了马克思的政治意识形态批判理论。虽然他们看到科学技术和意识形态在新的历史条件下的某些联系，也看到在当代发达资本主义国家，资产阶级宣扬技术统治意识，把科学技术变成统治或奴役的新工具，这些均具有合理之处。但是，他们没有看到科学技术与意识形态之间没有本质的联系，科学技术本身并不具有意识形态所特有的阶级性或政治偏向性。因此，当代资本主义社会出现的“技术统治”不过是垄断资产阶级统治的表现，它完全是科学技术在资本主义条件下被资本主义式的利用造成的。法兰克福学派的思想家们抛开特定的社会背景，片面地强调科学技术对理性影响的消极性，甚至把科学技术直接等同于意识形态，用对文化技术的批判来代替对资本主义政治经济制度的批判，这就把人的现实的政治解放简单地看成物性的解放。他们这样做不仅会引导人们对技术文明的彻底怀疑和全盘否定，而且会消解人们对资本主义制度本身的怀疑意识和批判精神。

最后，他们的社会批判仅是一种纯理论的批判，而不是马克思所强调的实践批判。从该学派社会批判的总体视角来看，他们都是以先验的“应该”范畴为理论内核的，并且把理论观点投向现代社会爱欲与文明的冲突，把研究兴趣放在发达工业社会意识形态上，甚至把对现代工业社会的批判归结为意识形态的批判，主张进行“文化—心理”革命。这显然夸大了意识形态的功能。因为按照马克思的唯物史观，“意识的一切形成和产物不是可以用精神的批判来消灭的……只有实际地推翻这一切唯心主义谬论产生的现实的社会关系，才能把它们消灭”。马克思对资本主义社会进行的批判已非精神的批判，而是“武器的批判”，是实践批判和理论批判的辩证统一。他说：“要想站起来，仅仅在思想中站起来，而现实的、感性的、用任何观念都不能解脱的那种枷锁依然套在现实的、感性的头上，那是不行的。”要想实际地反对和改变事物的现状，批判的武器必须导向武器的批判，即实践的批判。这种批判不再是使用远离现实的、随意选择的尺度来评判现实，它要求作为历史主体的人，从造成自己的实现性的实践活动的客观逻辑和科学的价值观出发，对自己的社会存在持一种客观态度，并通过科学再现现实实践活动中展开的现实的矛盾，深刻地揭示社会发展的客观规律，指出超越现存，“使现存世界革命化”的正确途径。可见，马克思强调的是付诸行动，即通过真正意义上的社会革命来“改变世界”，而不仅仅是“解释世界”。马克思曾这样批评青年黑格尔派，说他们尽管“满口讲的都是‘震撼世界’的词句，但实际上他们是最大的保守分子”，他们只是“用另一种方式来解释现存的东西，也就是说，通过另外的解释来承认现存的东西”。这段话同样适用于法兰克福学派的所谓“批判”理论。他们批判一切，但批判的矛头实际上只是观念、思想和概念，因而他们的批判仅仅是一种不触动现实的浪漫主义批判，最多只是完成了对资本主义社会的另一种解释，而现实社会历史的可批判性完全在他们的视野之外。他们既是深受西方启蒙精神熏陶的理想主义者，又是实践上的无能者，但他们却经历了精神上的“奥德赛”漫游。他们批判现实，憧憬未来，却又始终找不到实现理想社会的阶级基础、物质力量和现实道路，于是“乌托邦”便成了他们抗议现实和躲避现实的理想之路，他们的批判精神也成为昨日风中摇曳不定的旗帜，偶尔让人回首瞩望。

总而言之，法兰克福学派尽管以马克思的批判理论的继承者自居，且他们的“批判”理论也一度成为现代西方思想调色板上的一种流行色，但由于他们对当代资本主义的批判背离了马克思的科学批判原则，进行的是一种从主观唯心主义立场出发的人本主义批判，因而在根本上与马克思主义所固有的革命的、批判的精神无缘，这两种不同的批判理论不可相提并论。

第九章　马克思主义国际政治理论

在国际政治学界，有人不承认马克思主义有独立系统的国际政治理论，因为它没有自己的理论基础；有人虽然承认国际政治存在“三种理论范式”，即自由主义、现实主义和马克思主义，但将马克思主义国际政治理论简单归结为“阶级论”，两者都是片面的。马克思主义国际政治理论有自己的理论基础，就是历史唯物主义，这也是它与国际政治其他学派相区别的基本标志。马克思在1859年所著的《〈政治经济学批判〉序言》中，对他创立的历史唯物主义原理做了全面释述，其中心是“人们在自己生活的社会生产中发生一定的、必然的、不以他们的意志为转移的关系，即同他们物质生产力的一定发展阶段相适合的生产关系”。这些生产关系的总和构成社会的经济结构，即法律的和政治上层建筑竖立其上并有一定社会意识形式与之相适应的现实基础。列宁最早将马克思主义理论学说体系概括为“三个来源和三个组成部分”，即哲学、政治经济学和社会主义。之后，中国学界关于马克思主义的研究，将其细分为由更多相对独立学科组成的科学体系，至少包括马克思主义政治学、法学、社会学、民族学、军事学、伦理学、文化学、新闻学、教育学、历史学等。马克思主义国际政治理论是马克思主义政治学的重要内容和相对独立的部分。马克思主义国际政治理论时代化是马克思主义理论“三化”研究的重要组成部分，其研究有利于推进马克思主义时代化进程，有利于推动马克思主义国际政治理论的发展，有利于推动国际形势与政策教育实践。应该在马克思主义国际政治理论的方法论、经验教训及时代的应用分析方面进行探索。

第一节　马克思主义国际政治理论的时代背景

在时代主题是革命和战争、和平和发展的不同历史时期，毛泽东、邓小平、江泽民和习近平创造性地探索和实现马克思主义中国化，把马克思主义推向世界历史发展的新阶段。毛泽东根据世界主要矛盾变化和世界格局演变的国际新形势，提出“三个世界”战略划分的理论，系统阐明社会主义国家的对外政策必须奉行独立自主、和平、互不干涉内政的原则，加强与新独立国家之间的团结与相互支持，反对帝国主义、霸权主义，决不称霸，主张将和平共处五项原则推广到所有国家关系中去。邓小平在国际形势发生重大变化的条件下，提出时代主题已由革命和战争转变为和平和发展，强调生产力与综合国力竞争已成为国际斗争的新焦点，指明两极格局瓦解和世界多极化发展已势不可挡，提出以和平共处五项原则作为建立国际政治经济新秩序的准则，提示在综合国力竞争中，软实力不亚于硬实力，强调社会主义中国应在国际上树立良好的国际形象。江泽民根据和平和发展仍是时代主题的大形势和国际关系、国际格局变化的新特点，系统阐述了世界多极化、经济全球化、世界多样性和综合国力竞争的多方面理论；提出国际新安全观；从地缘政治视角，主张社会主义中国奉行睦邻外交、双边外交、多边外交政策；强调以“独立自主、完全平等、互相尊重、互不干涉内部事务”的“四项原则”为基础，建立和发展共产党之间、共产党和其他各类政党之间的关系，通过党际关系的发展，促进国家关系的发展。

马克思主义理论时代化研究，就是把马克思主义基本原理同时代的发展和时代的特征结合起来，对不同时代的不同问题做出科学的判断和回答。这个过程包含着马克思主义国际政治理论时代化，是一个重要的理论发展与研究课题。

马克思主义国际政治理论时代化问题的总体研究状况基本与中国马

克思主义国际政治理论研究对应。国内的研究，从模式上来说，体现为对新时期西方马克思主义国际关系理论流派进行研究，以及以中国新时代建设问题为视角对马克思主义经典国际关系理论进行研究。从内容上来说，对具体专题内容的时代解析较多，如马克思主义国际法思想、世界历史理论、世界政治思想、国际政治经济思想、全球化思想、帝国主义理论、和平共处思想、战争与和平问题、国际分工与贸易问题等，在整理这些专题观点的基础上，也对它们的基本原则和原理进行分析和整理。从对象上来说，对马恩列国际政治理论主要侧重运用其方法和原理对整体国际形势进行分析；对苏联、中国外交和国际战略思想与实践，主要侧重不同时代观、不同政策策略观的研究等。在马克思主义国际政治理论时代化问题上，国外马克思主义的相关研究值得我们关注和借鉴。在模式上主要有三种：一是整体关注马克思主义国际政治理论的时代变迁，在此基础上再进行具体政党或国家、阶级理论的衍生转换；二是注重马克思主义国际政治理论方法论的时代审视；三是注重对马克思主义国际政治理论时代性进行跟踪评判。

第二节　马克思主义国际政治理论的主要内容

马克思主义理论宝库中包含国际政治理论。马克思、恩格斯活动、工作、斗争的历史时期是19世纪的中期、后期，其舞台主要是在欧洲。这个时期的欧洲，自由资本主义正在迅速发展，并开始向垄断资本主义过渡，英国、法国、德国、意大利、奥匈帝国、俄国等资本主义列强先后发展起来，它们不仅在欧洲称雄争霸，而且把侵略的魔爪伸向非洲、亚洲、美洲以及世界各地，争夺和瓜分殖民地，争当以欧洲为主的世界霸主。在这样的条件下，马克思、恩格斯创立的马克思主义，尽管其中心内容是通过对资本主义矛盾的分析，揭示资本主义必然灭亡，社会主义、共产主义必然胜利的规律，但这一科学论断是以欧洲资本主义各国为出发点的，是建立在对欧洲资本主义列强剖析的基础上的。当时资本主义各国的存在和发展，资本主义列强相互之间的关系，包括互相争夺和利用，以及共同对付无产阶级的革命运动；资本主义列强的殖民扩张，他们为争夺殖民地进行的激烈争夺，以及宗主国与殖民地的关系，殖民地人民的反抗斗争；还有资本主义、殖民主义的各种理论、思想等，这一切无不在他们的视野之内，成为他们十分关心、密切注视、认真研究的对象。在马克思、恩格斯看来，这些问题绝不是与无产阶级革命事业无关的，而是无产阶级进行革命斗争的历史背景和客观环境，不仅与无产阶级革命事业息息相关、密不可分，而且是无产阶级进行革命斗争的土壤和条件，是无产阶级革命事业所关注的有机组成部分。可见，马克思、恩格斯研究和创建的以无产阶级革命和无产阶级专政为中心的马克思主义理论，它的一般原理对国际政治学科有普遍指导意义，是国际政治理论的重要内容。马克思、恩格斯也创建了有关国际政治的一些基本思想，它们对许多问题进行的精辟论述，至今仍闪耀着真理的光辉。

国际政治是国家间相互关系内容的集中表现和国家根本利益的集中体现。国际政治的主体是国家，任何国家活动的任务又与一定的时代性质和特征相适应。何谓国家？人们对它一直有不同的解读，分歧的焦点在于它是不是一定历史发展的产物和一定阶级利益的代表。马克思主义历史唯物主义认为，国家是社会一定发展阶段的产物，国家是社会陷入不可解决的自我矛盾的仲裁力量，也照例是最强大的、在经济上占统治地位的阶级的代表和工具。马克思、恩格斯关于国际政治的理论包括以下几个方面：

第一，马克思、恩格斯号召工人阶级要“洞悉国际政治的秘密”。马克思指出，工人阶级要“洞悉国际政治的秘密，监督本国政府的外交活动，在必要时就用能用的一切办法反抗它，在不可能防止这种活动时就团结起来揭露它”。这是总结工人阶级斗争经验教训得出的结论。因为无产阶级的革命斗争不是在真空中，而是在现实的国际社会中进行的。他们要取得斗争的胜利，必须了解国际社会，了解资产阶级的国际原则，了解资产阶级的对外政策，据此制定相应的对策。工人阶级在一国或几国取得政权以后，就更需要洞悉国际政治的秘密。因为工人阶级不仅要巩固自己的政权，领导社会主义建设事业，还要打破资本主义的包围和封锁，与资本主义展开和平竞赛，直至完全战胜资本主义。这是国际性的事业，不了解国际政治，就不能取得这场斗争的胜利。由此可见，提高广大干部和群众的国际意识对中国来说，更具有紧迫的意义。

第二，从资本主义产生、发展的过程中指出现代意义上的国际政治产生的必然性。马克思、恩格斯指出："大工业便把世界各国人民互相联系起来，把所有地方性的小市场联合成一个世界市场，到处为文明和进步准备好地盘，使各文明国家里发生的一切必然影响到其余各国。"这里讲的是，随着资本主义的发展，世界各地的联系日益密切，打破了封闭状态，逐渐形成世界性的市场。由此，它必然引起各国之间关系的变化，即由商业贸易发展，彼此竞争，到出现国际法、国际条约，划分势力范围，或合纵、或连横，或结盟、或为敌。也正是在这样的基础上，现代意义上的国际关系、国际政治得以产生，"国家体系"的出现也成为必然。

第三，正确地把握时代特征，是马克思主义关于国际政治理论的重要内容。马克思、恩格斯在 19 世纪中叶十分明确地提出："我们的时代——资产阶级时代，却有一个特点：它使阶级对立简单化了。整个社会日益分裂为两大敌对的阵营，分裂为两大相互直接对立的阶级——资产阶级和无产阶级。"这是国际政治理论中一个重要问题，是我们研究国际政治问题的前提。在不同的时代条件下，国际政治有不同的内容和特点。从 1917 年俄国十月社会主义革命胜利以后，从资本主义向社会主义、共产主义过渡的新时代开始了，它的阶级内容就是无产阶级开始成为统治阶级（开始只在一个国家），这将决定时代发展的方向，也决定了国际政治发展的方向。我们现在研究国际政治问题，一般来说有三个层次，即时代、格局、形势。时代指的是比较长的历史时期，有很大的稳定性；格局指的是一定的历史阶段，有相对的稳定性；形势则指国际舞台上的风云变幻，处在经常的变动之中。只有正确地把握住时代特征，才能正确地分析形势，才能制定正确的战略和策略；反之，就可能会犯错误。我们回顾历史，就会深刻地体会到这一点。

第四，深刻地揭露了资产阶级对外政策的本质。马克思、恩格斯指出，资产阶级的对外政策是“为追求罪恶目的而利用民族偏见”，“在掠夺战争中洒流人民鲜血和浪费人民财富”。这是非常深刻的，也是具有普遍意义的。他们在关于欧洲的浩繁著作中，用了很多篇幅来描绘当时英、法、德、俄的侵略扩张政策，揭露它们那种时而互相勾结、时而互相背弃，为了争夺霸权或势力范围而纵横捭阖的外交手腕，都是出自各国统治阶级的本质。马克思、恩格斯把当时的欧洲称为一个资本主义列强激烈争夺的欧洲。后来，资本主义发展了，由自由资本主义发展到垄断资本主义，日本和美国也加入列强的行列，但他们之间激烈争夺的本质没有变。

第五，在揭露资产阶级对外政策的同时，提出“新社会”对外原则的设想。马克思指出：“努力做到使私人关系间应该遵循的那种简单的道德和正义的准则，成为各民族之间关系中至高无上的准则。”“为这样一种对外政策而进行的斗争是工人阶级解放斗争的总斗争的一部分。”他们还指出：“与那个经济贫困和政治昏聩的旧社会相对立的是，正在诞生一个新社会，而这个新社会的国际原则将是和平。”和平应该是“新社会”的，即无产阶级统治的社会、社会主义社会、共产主义社会的国际原则。之所以如此，是“因为每一个民族都将有同一个统治者——劳动”。也就是说，无产阶级掌握了政权以后，消除了私有制，消除了剥削，也就可以消除战争。当然，只有一个或少数国家无产阶级当权，还不能实现这一点，这些国家应当为实现这个目标而斗争，这既是无产阶级的利益之所在，也是人类利益之所在。那种借口革命去破坏和平以至发动战争，或者以战争去输出革命，用刺刀去制造社会主义等说法和做法，都是与马克思主义不相容的。我们一定要高举和平的旗帜，始终不渝地为维护世界和平而斗争。

第六，分析战争的性质，明确对不同战争的态度，提出根本消灭战争的条件。马克思在普法战争爆发之际，告诫法德工人阶级要正确对待战争。“无论是军号的声音或大炮的轰鸣，无论是胜利或失败，都不能使我们离开我们全世界工人团结的共同事业。”面对法国的进攻，德国应仅限于防御，不能超出这个界限，不能受民族主义情绪的鼓动，去做破坏工人阶级团结的事。在德国由防御转向反攻以后，他又无情地批判德国的各种侵略谬论，揭露其侵略野心。他指出：“如果国界应当根据军事利益决定，那么要求就会毫无止境，因为任何一条战线必然有其缺点，可能用兼并邻近新地区的办法加以改进；并且这种国界永远也无法最终和公允地划定，因为每一次总是战胜者强迫战败者接受自己的条件，从而播下新战争的种子。”他要求工人阶级联合起来，反对资产阶级政府挑起和推动的工人阶级互相残杀，还要警惕沙皇俄国的插手和利用。他深信：“全世界工人的联合终究会根绝一切战争。”官方的法国和官方的德国同室操戈，而法国的工人和德国的工人却互通和平与友谊的音讯。“单是这一件史无前例的伟大事实，就使人们可以展望更加光明的未来。”在资本主义列强激烈争夺的情况下，战争不可避免。列强之间爆发战争以后，怎样对待战争，无疑是一个十分重要的问题。在当时的条件下，马克思从无产阶级国际团结的高度，对战争性质做出判断，要求工人阶级不要为资产阶级的利益互相残杀，而要团结起来共同进行反对资产阶级的斗争，并且认定只有这样，才能根绝一切战争。这为后人指明了对待战争的基本立场和态度。

第七，高度评价殖民地民族解放运动的意义，树立了正确对待民族解放运动的光辉榜样。在马克思、恩格斯研究的国际关系中，还有宗主国与殖民地的关系，这是资本主义发展过程中必然存在的问题，也是当时大量存在的现象。对这一组矛盾的研究是马克思主义关于国际政治理论的重要组成部分。他们就爱尔兰、印度、中国等问题写了不少著作和文章，提出马克思主义关于民族殖民地问题的基本思想，包括：（1）关于资本殖民主义的产生、作用及消灭问题；（2）关于殖民地革命运动的性质、任务和前途问题；（3）关于殖民地争取解放的道路和方法问题；（4）关于殖民地民族解放运动在国际政治中的地位和作用问题；（5）关于无产阶级对待殖民地民族解放运动的态度问题；（6）关于资产阶级各种殖民理论的批判等。在这组矛盾中，马克思、恩格斯是旗帜鲜明地站在殖民地人民这一边的，这完全符合他们关于新社会的国际原则应该是和平的根本主张。他们把民族解放运动看作无产阶级革命的可靠的同盟军，所以这也是无产阶级革命导师的必然选择。列宁曾经说过："马克思和恩格斯在爱尔兰问题上的政策提供了各压迫民族的无产阶级应当怎样对待民族运动的伟大范例。这种范例至今还有巨大的现实意义。"他们对待其他国家的民族解放运动又何尝不是这样的呢？

第八，响亮地提出"全世界无产者联合起来！"的口号，确立了无产阶级国际主义原则。马克思、恩格斯提出这一口号是要全世界无产者联合起来对付全世界资产者的联合，以实现无产阶级的世界革命，推翻世界资产阶级的统治。当时，他们的设想是多国革命的共同胜利，这一号召显然有着十分重要的意义。后来，历史没有按照他们的设想发展，无产阶级首先在一个国家取得胜利，但这丝毫没有减弱这一口号的意义。在出现一批社会主义国家之后，无产阶级国际主义就成了处理社会主义国家之间相互关系的基本准则。马克思、恩格斯说过："不恢复每个民族的独立和统一，那就既不可能有无产阶级的国际联合，也不可能有各民族为达到共同目的而必须实行的和睦与自觉的合作。""欧洲各民族诚恳的国际合作，只有在其中每个民族都在自己内部完全自主的时候才能实现。"这些具体的论述充分体现了无产阶级国际主义精神，告诉后人决不应该在损害别国或别的民族独立自主的情况下讲国际联合。

第九，对未来世界的设想。马克思、恩格斯在《共产党宣言》中提出对未来世界的设想："代替那存在着阶级和阶级对立的资产阶级旧社会的，将是这样一个联合体，在那里，每个人的自由发展是一切人自由发展的条件。"这也就是我们为之奋斗的目标——共产主义。它的特点是不再存在阶级和阶级对立，每个人都能得到自由发展，在每个人都得到自由发展的基础上形成一个联合体。显然，这样的联合体不是轻易就能实现的，在其他著作中他们还提出过一些重要条件，如物质财富的极大丰富，人们觉悟的极大提高，在此基础上实现由按劳分配向按需分配过渡等。现实的社会主义国家，从经济到政治、到文化教育，再到社会机制等诸多方面，离这个目标还有很大差距。为了实现这个目标，我们还要长期奋斗。那种“共产主义速胜论”是不切实际的。最后，在处理国际关系时，既要有原则的坚定性，又要有策略的灵活性。作为辩证唯物主义的创立者、奠基人，马克思、恩格斯既具有彻底的革命精神，又能从实际出发认识问题。他们深深地懂得国际斗争的复杂性并处在经常的变动之中，思想认识和处理方法决不能凝固、僵化。他们在斗争实践中既强调要坚持原则、决不能拿原则做交易，又注意策略的灵活、不拒绝做必要的让步和妥协。为了团结工人运动中的不同派别共同进行革命斗争，马克思起草的《国际工人协会成立宣言》发挥了重要的指导作用。在这个重要文件中，他既坚持了《共产党宣言》的基本思想，又没有完全照搬《共产党宣言》的章节字句，这就保证了这个文件为国际工人协会以后的活动制定了一个正确的纲领。从马克思、恩格斯几十年的理论和实践中我们可以看到，他们既是理论与实践相结合的典范，也是既坚持原则、又注意策略的榜样。以上就是马克思主义关于国际政治理论的一些基本思想。限于篇幅，这里只是提纲式地做个介绍。但仅此简要的介绍也足以说明马克思主义理论宝库中，不仅有关于国际政治的理论，而且是很丰富的。好的东西应该吸收，而对其错误的、反动的东西应予以抵制和批判。马克思主义关于国际政治的理论是当时历史实践的反映，我们今天所面临的国际形势和所碰到的问题与那时相比已有很大不同，我们不能停留在马克思主义相关的现成的结论上，而应该以马克思主义的立场、观点和方法，研究国际政治中的现实问题，用马克思主义关于国际政治理论的原理来指导我们的实践，丰富和发展马克思主义。

第三节 马克思主义国际政治理论的现实意义

国家外交是马克思主义国际政治理论具有鲜明特色的部分。马克思主义在批判资产阶级国家和政党的外交时，创立了具有自己品格和作风的外交理论，规定了工人阶级政党在执政和非执政条件下的外交应该遵循的理论原则、战略策略、方针路线和目标任务，摆脱了传统外交局限于政党、地区、民族和国家利益的狭隘框架，站在社会进步和世界最大多数人利益的高度进行思考和决策，坚决反对大党主义、大国沙文主义、霸权主义和强权政治，在维护自身正当利益的同时，还积极致力于构建和平、平等、合作、进步的新世界。

首先，马克思主义国际政治理论时代化研究有利于推进马克思主义时代化进程。“马克思主义时代化就是把马克思主义同当前时代的发展和时代的特征紧密结合起来，使之适应时代需要、把握时代脉搏、回答时代课题”，具体指马克思主义的基本原理、基本方法和理论旨趣的时代化。马克思主义国际政治理论时代化研究涵盖了马克思主义国际政治理论的基本原理、基本方法、理论旨趣，应对了这种时代化的要求。同时，马克思主义理论时代化进程既需要整体性推进，也需要专题性推进。马克思主义国际政治理论研究能够通过时代化解析，为整体马克思主义时代化推进提供借鉴和启示。

其次，马克思主义国际政治理论时代化研究有利于推动马克思主义国际政治理论的发展。马克思主义国际政治理论的每一次发展都有着时代的烙印。正是这些烙印见证了理论的发展，也正是时代的变迁真正推动了理论的进一步发展。通过马克思主义国际政治理论时代化的研究，尝试揭示理论时代化的基本特点和发展规律，有利于马克思主义国际政治理论紧跟时代步伐，与时俱进，不断发展。

最后，马克思主义国际政治理论时代化研究有利于推动国际形势与政策教育实践。国际形势与政策教育是思想政治教育一项重要的新课题。作为思想政治教育新课题的国际形势与政策教育，指通过进行关于国际社会一般运行规律和原理的教育，使其对世界政治、经济概况和各国政治、经济、文化制度有一定认识，以此为基础更好地理解中国对内对外政策，树立爱国主义思想；以国际视野、世界历史的角度认识中国社会主义制度，从而坚定社会主义信念；增强参与世界事务的意识和能力，树立新国际主义意识。面临这个重大课题，作为教育主阵地的高等院校应承担起相应的教育任务。全球化、信息化不断发展，各种信息平台对国际形势、国际问题的关注度不断提高，人们通过各种传统媒体，如报纸、杂志，以及电视、网络等实时接收各种国际信息，这已日益成为人们获取知识的重要方式。同时，当今时代人员的世界流动性正在增强，更多的人走出去，也有更多其他国家的人员走进来，人们在更加直接地感知异国风情，交流思想，接受不同的直观影像。实际来看，学校教育已经很难承担全部教育任务，至少在树立国际观方面是不容易做到的。而学校教育要想牢固占有国际形势与政策教育主阵地，就必须具有科学性、时代性的理论做支撑。马克思主义国际政治理论时代化研究，将有利于弥补国际形势与政策教育理论基础方面的不足。推进马克思主义国际政治理论时代化研究，可以考虑从两个方面推进：一方面，依托马克思主义理论，从整体上总结马克思主义国际政治理论的立场、观点，并尝试归纳其一般原理和方法论，为不同时代背景下的国际政治实践分析提供马克思主义的一般性解读的钥匙；另一方面，关注无产阶级政党视角和社会主义国家视角，总结其基本经验和教训，为今天党和国家对外关系实践提供启示。

第一，加强马克思主义国际政治理论的方法论研究。我们今天面临的国际局势和马克思主义经典作家所处的那个时代相比，已经发生了巨大变化，但他们认识和分析国际问题所运用的辩证唯物主义和历史唯物主义的基本观点和方法，对我们今天分析国际形势与政策仍然有重大现实指导意义。而且，马克思主义国际政治理论除了具有与分析其他问题同样的方法论之外，一定有符合自身特点的方法论。基于此，我们需要专门对马克思主义国际政治理论方法论进行研究。在马克思主义一般方法论基础上，分析、归纳出马克思、恩格斯认识和分析国际政治理论与实践方法论的独特之处。方法论研究对于马克思主义国际政治理论时代化研究具有奠基意义。

第二，总结马克思主义国际政治理论时代化的经验教训。马克思主义国际政治理论经历了从马克思恩格斯国际政治理论到苏共和苏联国际政治理论，再到中共和中国国际政治理论的发展，其本身就是不断时代化的过程。在这个过程中，我们需要研究马克思主义国际政治理论从经典形态发展到现实的国家形态、从苏联大国传递到中国等发展中国家的过程，需要研究马克思主义国际政治理论如何由无产阶级革命政党视角转换为无产阶级执政党视角，研究其国际形势分析与政策制定之间的联动性思想，进而揭示这个过程中时代化推进的基本观点、基本要素、基本原则，以及具体调整时机的把握、目标要求、原则贯彻等。

第三，推进马克思主义国际形势与政策观在当今时代的应用分析。在全球化背景下，国际形势风云变幻，种种问题需要以一个正确的理论观点和立场去认识和应对：第三世界国家被西方的金融、技术、文化和军事力量所限制；社会主义国家虽然摆脱了冷战的压制，但仍没有摆脱资本主义的侵蚀和霸权主义的威胁，因而国家安全和制度安全的维护仍是紧迫的问题；全球范围内两极分化和贫富差距进一步扩大，南北关系面临新的挑战。由此，可以尝试运用马克思主义国际政治理论基本原理和方法论，深入生产过程来分析和批判资本主义世界体系，揭示其阶级根源。同时，当今时代存在的几个悖论问题：和平与发展成为时代主题，新形式的国际冲突却不断出现；以增强综合国力为核心的国家之间的激烈竞争，国家间的协调与合作正在成为国际关系的主旋律；传统意义上的国家主权实际上部分被分散与弱化，国家与民族利益又以新的形式凸显出来；经济全球化在不断推进，反全球化的力量也在不断增强，等等。这些均可尝试运用马克思主义国际政治理论基本观点进行分析和解决。

第十章　百年变局对国际政治理论的影响

进入21世纪以来，国际金融危机爆发，中国崛起和西方民粹主义兴起，发展范式发生转变，给世界带来诸多不确定性，国际社会需要一个强有力的全球治理体系。财富权力的转移带来文化权力的变化，形成多元并存的时代。无论是从文明意义还是制度体系来看，目前世界秩序已进入“无人区”，当今世界正处于百年未有之大变局。习近平总书记指出，“我们前所未有地靠近世界舞台中心，前所未有地接近实现中华民族伟大复兴的目标，前所未有地具有实现这个目标的能力和信心”。“三个前所未有”清晰地描绘了中国面对百年未有之大变局时的历史定位和时代基点。伴随第四次工业革命的到来，从体系秩序、国际制度到理念规范，实现与国际体系的共同演进，是我们在百年未有之大变局中需要解决的核心问题。人类命运共同体的理想变为现实，需要卓有成效的行动，不光中国自身，还需要动员包括西方国家在内的国际社会的共同努力。

党的十八大以来，面对纷繁复杂的国际形势，在以习近平同志为核心的党中央坚强领导下，全面推进中国特色大国外交，形成全方位、多层次、立体化的外交布局，成功驾驭和形成为中国发展营造良好外部条件的国际环境，极大地提升了中国的国际影响力、感召力、塑造力，也为世界和平与发展做出重大贡献。在亲自领导中国外交的宏大实践中，习近平全面深入地阐述中国梦的内涵及其世界意义，统筹国内国际两个大局、统筹发展安全两件大事的思想，以合作共赢为核心的新型国际关系理念；深化了对和平共处五项原则、和平发展时代主题和国际政治民主化的论述；针对当前经济全球化遭遇的困境，深刻阐释了创新驱动、开放共赢、公平包容、平衡、普惠为要旨的应对之道；深入阐述了正确的国际义利观，共同、综合、合作、可持续的新安全观，公平、开放、全面、创新的发展观，倡导共商共建共享的全球治理观等系列重要观点；提出“亲诚惠容”周边外交理念、构建全球伙伴关系网络的主张；提出建设“一带一路”的重大倡议；提出建设人类命运共同体的倡议等一系列重要外交思想成果，从而形成习近平新时代中国特色大国外交思想。这一思想植根于改革开放以来中国特色社会主义的伟大实践，顺应世界和平与人类进步的时代潮流与历史大势，饱含“中国智慧”，向世界展示了坚定自信、积极进取的中国风格和开放包容、谦和大度的中国气派，向世界提供了一系列“中国倡议”“中国主张”“中国方案”，展现了全球视野和世界胸怀，得到国际社会的广泛认同。正是在习近平新时代中国特色大国外交思想引领下，今天的中国已前所未有地走近世界舞台中心。中国积极参与全球治理，正在引领国际关系理论的发展方向。在此背景下，建立有中国特色的国际政治理论流派正逢其时。

第一节　世界正面临百年未有之大变局

上一个百年世界上发生了许多大事：两次世界大战，“十月革命”及其引发的世界共产主义运动，殖民主义体系瓦解，二战后的世界秩序重建，全球化大发展。一般来说，百年转换从世界的角度来看，前 50 年和后 50 年为不同。前 50 年主要是动荡期，很多大事发生在那个时期；后 50 年有所稳定治理期，二战以后，建立了以联合国为中心的世界管理体系，由于有了治理的稳定，世界得到大发展。从中国的角度讲，1900 年是一个痛苦的开端：八国联军进北京，世界列强直接干预中国内政。第二次世界大战后，中华人民共和国的成立终结了中国衰落的下行线，到 20 世纪 70 年代实施改革开放，中国经济快速发展。新千年开始后，世界上发生诸多大事。从世界的角度观察，发生了美国遭受恐怖袭击带来的世界范围的反恐运动，还有 2008 年的国际金融危机，以及世界保护主义、民粹主义兴起等。当然，好的方面则表现为新科技革命。从中国的角度说，2000 年中国加入世界贸易组织，以规则方式加入世界体系，这是一个大事件，影响巨大。中国的经济总量按 GDP 计算第一次超过 1 万亿美元，这是个转折点，中国提出在这个百年中期实现民族复兴目标。

这个百年大变局的趋势在有些方面已经体现得很明显：首先，力量对比格局已经发生明显变化。按照综合的预测，这个百年前 50 年的最大变化就是力量对比。总的趋势是发展中国家力量到 21 世纪中期占主导地位，经济总量占世界的 60%。这无疑会是世界发展史上一个重大的转变。西方工业化以后，西方国家一直占主导地位，这个格局变化从各个角度来看影响都是巨大的，包括 20 世纪的制度构造、价值观影响以及科学技术等，我们可以从多种成果来分析这个问题。各种综合预测也不少，大家都在观察这场大变动的影响到底有多大。其次，大国力量对比发生深刻变化。原来的所谓大国大部分衰退了，在 21 世纪中期以前被排挤出大国行列，老牌的欧洲国家大多连前五位都排不上。从大国结构角度看，表现为非西方大国的群体崛起。世界发展中，大国主导性很强，格局变化影响深远。第三，地区力量对比显著加速。世界的力量与发展重心从欧洲转到亚洲，亚洲集中在大东亚，包括中国、日本、印度、印度尼西亚。

一般来讲，力量转换会发生大的动荡、大的战争。“修昔底德陷阱”讲的是守成大国与新兴大国之间不可调和的矛盾。上个百年后半期主要是美国与苏联发生了冷战。这个百年看起来主角是美国与中国，但能不能避免历史重演呢？这是很关键的问题，事关大局。力量转换的最大影响是导向问题，由传统的西方导向到非西方导向。欧洲工业化以来，国际关系格局主要是由西方主导，包括发展范式、价值观、国际关系理论等。非西方导向的含义是什么？是包容性还是排斥性？怎么观察和定位？这些都值得观察与研究。力量转换导致霸权衰落，未来会出现争霸和形成新霸权吗？人们对霸权秩序不满意，既对争霸深表担忧，又对无霸权秩序充满疑虑。从以往的历史看，霸权的确立需要经过大战，把别国打下去，自己上来。未来的世界是否会发生类似20世纪的大战，是否会导致人类历史的霸权终结？

从社会方面看，经济全球化带来的世界交往普遍化和生活方式一体化，也是影响中国社会不稳定的方式之一。改革开放以来，中国人民通过各种交往方式，同世界各国人民形成越来越密切的经济与社会联系，无论是在广度还是深度方面都普遍地扩大了，中国社会公众的生活方式也呈现出日益国际化与全球化的趋向。由于中国与各国之间存在一定的经济与文化差距，人们在融入全球一体化的过程中产生了这样那样的不适应性，造成各种各样的矛盾和不稳定因素，从而有可能加剧社会的不稳定状况。全球化会继续深化，未来经济、技术等的分散型导向也会削弱一国独霸的存在基础。自民族国家制度确立以来，民族国家就是国际关系和国际秩序的基础。西方工业化创造了工业现代化模式，推动了世界的发展，让更多的国家步入工业化行列。现在，追赶型现代化模式出现了各种问题，比如过度开发已导致气候变化，严重威胁人类的生存环境。以物质生产为导向的工业化，随着世界人口和消费力的增加已经难以为继，地球恐将无法承载100亿人的传统工业化规模。因此，我们必须转变发展模式，但要转变模式，就需要主导型推动力量。尽管人们已提出新发展观，但在认知上缺乏共识，在行动上缺乏协调。2015年12月12日由各国在巴黎气候变化大会上通过、2016年4月22日在纽约签署的气候变化协定，即《巴黎协定》是人类历史上第一个共同应对气候的公约，但由于世界最大经济体美国的退出，协定的落实面临巨大的不确定性。

在这个百年的前50年中，拉动世界未来经济发展的力量范式到底是什么？最容易的方法是延续现在的模式，但却面临人类生存的危机。据预测，到2050年，气温将上升3度，如果不能制止气温的上升，人类将面临灾难。马克思说过，你们的今天就是我们的明天，我们改造的和你们的一样。发展面临的最大挑战是气候变化，现在看来情况不容乐观。在这个百年的前50年中，人类能否解决发展模式转变的问题，需要全世界各国共同找出科学、合理且可操作的全球治理方案，这需要各国共同努力，但个别国家的单边主义行为成为百年变局的最大风险。人类只有一个地球、一个世界，国际社会日益成为一个你中有我、我中有你的命运共同体，面对世界经济的复杂形势和全球性问题，任何国家都不可能独善其身。当今世界面临着百年未有之大变局，政治多极化、经济全球化、文化多样化和社会信息化潮流不可逆转，各国间的联系和依存日益加深，但也面临诸多共同挑战。粮食安全、资源短缺、气候变化、网络攻击、人口爆炸、环境污染、疾病流行、跨国犯罪等全球非传统安全问题层出不穷，对国际秩序和人类生存都构成严峻挑战。不论人们身处何国、信仰如何、是否愿意，实际上已经处在一个命运共同体中。与此同时，一种以应对人类共同挑战为目的的全球价值观已开始形成，并逐步获得国际共识。

第二节　如何理解“百年未有之大变局”

百年前，正是第一次世界大战结束，五四爱国运动风起云涌之时。百年过去，当今世界最大的变化莫过于中国的发展。回顾历史，1840年鸦片战争以后，西方列强凭借着船坚炮利野蛮地轰开了中国的大门，中华民族陷入内忧外患的悲惨境地。时至今日，历史正在改变——中国的发展举世瞩目，这种大变局的本质特征就是西方中心主义历史性的跌落。五四运动至今的百余年来，中国人民在马克思主义的指导和中国共产党的领导之下，迎来了从站起来、富起来到强起来的伟大飞跃。综观全球，尽管人类正面临一系列重大变化，但最具有世界历史意义和深远影响的莫过于中国的发展。中华民族的伟大复兴和中国文化的繁荣发展乃是一种历史大势和自然法则，具有不可阻挡性。

全面深刻认识“百年未有之大变局”，关系到具有五千年文明史、占世界人口五分之一的泱泱大国能否踏上现代化强国之路，关系到近代以来历经磨难的中华民族能否顺利实现伟大复兴之梦，关系到揭示人类社会前进方向的科学社会主义能否在 21 世纪绽放出更加灿烂的真理光芒。

首先，“变”在何处？“百年未有之大变局”，变就变在前所未有、百年罕遇，变就变在立破并举、涤旧生新。这个大变局概括起来说，就是当前国际格局和国际体系正在发生深刻调整，全球治理体系正在发生深刻变革，国际力量对比正在发生近代以来最具革命性的变化。即世界经济重心正在加快“自西向东”位移；新一轮科技革命和产业变革正在重塑世界；新兴市场国家和发展中国家的国际影响力不断增强，国际力量对比更趋均衡；全球治理的话语权越来越向发展中国家倾斜，全球治理体系越来越向着更加公正合理的方向发展；世界文明的多样性更加彰显，世界各国开放包容、多元互鉴成为主基调。

其次，“道”向何方？大变局的演进趋势必然反映人类文明和平发展的大潮流、大趋向。这个大变局，是从事实上“一家独大”的单极世界向协同共治的多极世界的重大转变；是现代化发展路径从一元走向多元的重大转变；是从社会主义遭遇严重挫折向科学社会主义在 21 世纪焕发勃勃生机的重大转变。当然还要清醒地认识到，世界格局的演变是一个由量变到质变的渐进过程。世界力量结构尚未发生根本性变化，美国等西方国家仍在经济、科技、军事等方面占据优势地位，资本主义制度仍然具有顽强的生命力，资本主义与社会主义两种制度、两种道路的斗争也将是漫长的、持久的。

再次，对我而言是“机”还是“危”？当前中国的有利条件是，中国发展仍处于并将长期处于重要战略机遇期，迎来从站起来、富起来到强起来的伟大飞跃，时与势在我们这一边；不利条件或者重大挑战是，中国作为新兴大国，必然遭到美西方等守成大国的遏制。可以预见的是，这种遏制将是长期的、高压的，并不以我们的意志为转移，一旦应对不好，就会延误甚至中断民族复兴的历史进程。

最后，中国怎么办？面对世界百年难遇的时代大变局，面对千载难逢的历史大机遇，我们要深刻认识国际格局演变与民族复兴、现代化强国目标的叠加性、同步性、长期性，坚持正确的历史观、大局观、角色观，坚持不懈推动构建人类命运共同体；要保持战略定力、发扬斗争精神，在道路、方向、立场等重大原则问题上守住守好底线红线，牢牢把握战略上的主动权。最根本的就是要始终同以习近平同志为核心的党中央保持高度一致，增强“四个意识”、坚定“四个自信”、做到“两个维护”，保证全党团结统一、行动一致，确保党始终总揽全局、协调各方。

第三节 百年变局下的中国与国际体系

“百年未有之大变局”形势下，中国该何去何从？一个重要的视角是中国自身的定位，正确处理好中国与国际体系的关系。改革开放40年是中国融入国际体系的过程，西方学界和政策界这些年也一直在辩论，中国相对于国际体系是一个修正主义国家还是一个维持现状国家？百年变局中一个具有重要体系意义的变量就是中国。我们提出要实现中华民族的伟大复兴，究竟意味着什么？修正主义国家或者维持现状国家也许都不能准确描述中国在国际体系中的定位，也许可以说我们是演进的国际体系中谋求正当地位的国家。

一、如何理解演进中的国际体系

在“实现中华民族伟大复兴”的话语中，复兴于兹的体系是什么体系？在很大程度上，这应该是一个改良的体系，是一个与变化的国际实力结构相匹配、在界定性规则和利益分配方面更具代表性的国际体系。复兴的过程是在改良的国际体系中谋求正当地位的过程，代表着中国与演进中的国际体系间一种新型的互动方式，是二者同时变化、共同演进的过程。中国既是促进国际体系演进的重要推动力量，本身也是国际体系的组成部分，随着体系演变不断进行自我调整。因此，融入、修正或维持现状也许都不能准确描述百年变局下中国与国际体系的关系。融入体系和维持现状主要是被动的进步过程，是学习、内化和被接受的过程，是西方教、我们学的过程。修正则意味着改变现有体系。一方面，过去 40 年来中国在国际体系中实现了人类历史上前所未有的大规模高速增长，因此应该不具有从根本上改变现有国际体系的战略目标或意图；另一方面，从 20 世纪 70 年代初恢复联合国合法席位到 2008 年国际金融危机之后历史性地走近世界舞台的中央，中国与国际体系的关系已经发生重大变化。

近年来，随着新兴经济体的群体性崛起和全球化的加速发展，国际关系学界也日益重视对非西方国家关系理论的研究。其中很重要的一部分，就是讨论不同时空和社会文化背景下的国际体系。基于中国和大东亚地区的历史经验，学者们研究过天下体系、秦大一统体系、以中国为中心的东亚等级体系、关系主义国际体系等。这些体系都不同于现代威斯特伐利亚国际体系。也就是说，从欧洲实践中产生的现代威斯特伐利亚体系，实际上也是一个次级体系，具有内在的地方特性，是随着欧洲力量的全球扩张而扩张的，并不具备天然的普适性。从二战后的东亚地区秩序也可以看出，为什么亚洲没有“北约”，这是一个双向认同问题。美国的自由霸权秩序在东亚的社会文化情境中实际上并没有完全落实。随着国际力量对比的变化，国际秩序和国际体系的演变是必然的，在这个过程中，是否有可能在大国之间进行“大议价”（Grand Bargain），照顾彼此核心关切，改良体系秩序，实现利益平衡？这个有可能首先出现在地区和次级国际体系中。

二、中国正在塑造和引领国际制度的演变

从制度上看，中国塑造和引领国际制度的实践主要出现在周边和大东亚地区，该地区有其独特的制度主义特点，也有制度建设的成功实践。东亚制度主义是软性制度主义，具有很强的务实性，制度化程度相对较低，在民族国家与国际制度之间存在相对较大的张力。过去 20 多

年来的东亚一体化进程，以东盟为制度中心，以最小制度化的“东盟方式”为基本规范，不仅维护了地区稳定与和平，还推动了地区合作与发展，充满活力。中国是东亚地区制度进程的参与者、维护者和贡献者，通过地区制度合作分享增长，实现了大国崛起与地区一体化进程的并行发展。

中国倡议成立的亚洲基础设施投资银行，成为学界和政策界公认的国际制度创设的成功案例。为什么它能够在短期内获得国际认可？作为中国倡议建立的国际制度，亚洲基础设施投资银行的快速发展实际上是中国与国际体系互动并实现共同演进的结果，是议价和相互协调适应的结果。成立亚洲基础设施投资银行的倡议是中国发起的，主要是因为世界银行和亚洲开发银行等现有国际制度无法满足基础设施建设需要，而且国际制度改革滞后，中国无法发挥与其力量相匹配的作用。从最初的设想到正式提出倡议，再到最终成立，亚洲基础设施投资银行经历了很长时间的曲折过程。最初，中方提出的有些议案和设想也引起过不小的争议。但是，中方迅速进行了调整，借鉴了现有相关国际制度的成功实践，接纳了现有开发银行的一些制度建设提案，并很快与世界银行和亚开行等建立了合作伙伴关系。所以，整个发展过程是规则、利益和身份的相互调适过程。中方通过灵活务实的策略和战术调整，保证了长远战略目标的实现。这个战略目标就是通过规则和制度建设塑造体系，并同时谋求在体系中的正当位置。

三、由美国主导的国际关系理念规范正在动摇

从观念、规范和价值体系来看，美国主导的国际体系和美式全球化的价值体系，是否有可能与东亚本土价值体系实现一定程度上的和而不同、和合共生？有学者做过一个规范研究，指出以中国为代表的东方的规范和话语成功进入西方规范和理论体系的最佳案例是《孙子兵法》。其成功的原因主要有两个：一是《孙子兵法》没有过度的地方性，二是在规范上和话语上没有自我与他者的区分。它既体现了社会文化积

淀，又具有普适性。《孙子兵法》这个案例也许可以为我们提供一些启示，去思考如何实现地方规范和话语体系，与西方主导的国际规范和话语价值体系相互接近和融合。另外，还有一个本土规范与西方主导的国际规范互为补充、共同作用的案例，即中国同很多东亚国家所认可的发展和平与西方普遍推崇的自由和平规范。有学者以联合国维和行动为案例，做过两种规范的比较研究。中国主导的维和行动一般先稳定局势，然后重点推动地方的相关发展项目，以经济发展促进长治久安。而西方国家主导的维和行动，以制度建设为重点，在稳定局势后，首先进行民主制度建设，以制度保和平。实践表明，在两种规范同时作用的地方，维和与建和的成效是最好的。

总之，从体系秩序、国际制度到理念规范，如何找到并实现中国在国际体系中的正当定位，如何实现中国与国际体系的共同演进，是我们在“百年未有之大变局”中要解决的核心问题。自中国提出“一带一路”倡议以来，人类命运共同体的主张一直在世界舞台激荡回响。伴随中国外交的成功实践，这一理念的时代价值和重要意义日益凸显，被载入安理会决议、联合国人权理事会决议等多项国际决议。构建人类命运共同体要求各国政治家从人类长远利益出发考虑问题，而不是从短期国内政治需求出发来制定政策。《外交学者》杂志网站刊发的雅各布·马德尔的评论文章认为，人类命运共同体描述的是一个相互合作的世界，它以双赢为前提，是一种取代西方“落后”模式（零和思维）的新型国际关系理念。在各种挑战层出不穷、风险日益增多的当下，这一理念无疑给充满不确定性的世界指明了“确定性”方向，注入了行动的力量。

第四节　国际关系发展新周期的特点

国际关系的变化发展都有周期性的规律。当今时代，世界多极化、经济全球化、社会信息化、文化多样化深入发展，全球治理体系和国际秩序变革加速推进，各国相互联系和依存日益加深。与此同时，世界面临的不确定性增加，世界范围内发展不平衡不充分的问题进一步凸显。党的十八大以来，中国政府全面推进中国特色大国外交，倡导构建人类命运共同体，促进全球治理体系变革，推动建设相互尊重、公平正义、合作共赢的新型国际关系。当今世界正经历“百年未有之大变局”，国际关系进入新的发展周期。新周期的世界具有以下特点：一是权力结构发生了改变，二是传统政治路径面临选择，三是身份认同出现了问题，四是全球治理面临赤字。尤其是在治理领域，无论是全球治理、区域治理，还是国家治理，都面临前所未有的挑战。我们正在进入一个新周期的开始，未来的新趋势、新特点、新方向将是我们不得不面对的新问题。

第一，再全球化问题。原来全球化依赖的好的积极的东西，现在正遭遇巨大的挑战和否定。2008 年以前的欧洲和美国特别是欧洲非常典型，已经从后工业主义变成后现代主义，也有人认为是后城市主义。另一个问题就是美元霸权正在面临巨大的挑战。长期以来，美国奉行金融资本主义，金融业服务业占了 80%。过去 40 年，两个国家最成功，一个是中国，一个是美国。美国过去 40 年 GDP 翻了一倍，实体经济没有任何衰退反而在往前发展。但是，美国面临难以克服的结构性问题，如社会分裂、贫富差距加大、民粹主义上升等。

第二，再意识形态化问题。传统的自由国际主义、美国最基本的霸权价值观正受到前所未有的挑战。自由国际主义在做非常大的调整，美国正对责任义务和利益平衡的战略思考方式做重新改变，正在回归很简单的所谓的民族国家、中心主义的大战略。从这个角度来讲，这是新周期的第二个特点。确实，世界的主流意识形态已前所未有地多样化：一类是美国变成另类主义，美国人自己都觉得跟以前不太一样了。正如美国媒体所说，特朗普是否是俄罗斯利益的代言人，不再是简单地为了选举甚至为了本人的政治和经济生涯。二类是中国和俄罗斯为代表的大国，尤其需要加强对意识形态的管控。英国“脱欧”是英国意识形态的选择，是英国的利益选择，同时也新的政治和社会主张。三类是发展中国家意识形态存在多元化倾向，呈现出空前的多样性。今天的国际关系中意识形态最活跃的实验场是发展中国家，它们不是在简单地依照西方模式和东方模式，而是在寻找适合自己的模式。

第三，再国家化问题。当前世界面临着严重的和平赤字、发展赤字和治理赤字，多数国家还面临着严重的治理危机，亚洲如此，非洲如此，欧洲也是如此，若英国“脱欧”，意大利也在考虑“脱欧”，欧盟将面临解体的危险。当整个世界转型开始、新的国际关系周期出现的时候，各国唯一能做的就是加强国家实力，重新回归国家主义形态。日本是个典型的例子，其前首相安倍晋三就提出要推行新国家战略，公开且在取得全民共识的基础上推进大国政策。土耳其也是一个典型的例子，埃尔多安总统曾试图恢复奥斯曼帝国的所谓大国地位。

未来的世界也许并不是那么灰暗，但世界政治新周期的特点到底会给世界政治带来什么样的改善？习近平主席提出的“百年未有之大变局”与中共十九大的判断是完全吻合的，中国现在比历史上任何时候都更加走近世界舞台中央，必须清醒认识到我们所处的环境，在努力做好自己的事情的同时，积极为全球治理贡献中国智慧，这就是对“百年未有之大变局”最重要的注解。

第五节　第四次工业革命与中国的历史机遇

当前世界形势的最大特点就是不确定性，今后一个较长的时期内，世界的基本态势将是一个超级大国与多种力量并存。从 2016 年开始，世界进入明显的不确定期，其起点是英国启动“脱欧”程序和美国的唐纳德·特朗普当选总统。这个不确定期具有几个显著特征：一是贸易保护主义泛滥，二是单边主义盛行，三是民粹主义抬头，四是大国博弈加剧。导致世界进入不确定期的主要原因有：第一，过去 30 多年的全球化有一个意识形态，即新自由主义。事实上，各国在过去 30 多年贫富分化都比以前严重得多。贫富分化必定导致中下层广泛的不满，中下层不满一定会酝酿左右两派的民粹政治盛行，民粹政治又必然被强人利用，之后进入强人政治，这是一个必然的结果。第二，西方内部问题突出，对外部世界的主导力下降。西方的问题首先是人口老化，日本、韩国、俄罗斯、欧洲人口绝对老龄化，人口减少。美国人口老龄化虽然不严重，但是内在比例出了问题，白人比例急剧减少。为了解决劳动力问题，一些国家放松移民管控，导致人口结构发生变化，引发内部政治分裂，影响国家治理效率。总之，西方的内部矛盾必然导致其外部主导力下降。第三，中国为代表的新兴经济体群体性崛起。尽管中国经济增速比之前下降了一点，增长率从10%到6%，但相对还是比较快的。除了中国，印度、印尼、越南等新兴经济体也有较快增长。第四，第四次工业革命的到来给新兴经济体带来巨大的发展机遇，这也正是“百年未有之大变局”给中国带来的历史机遇。

一、第四次工业革命的定义

所谓工业4.0（Industry 4.0），是基于工业发展的不同阶段做出的划分。按照目前的共识，工业1.0是蒸汽机时代，工业2.0是电气化时代，工业3.0是信息化时代，工业4.0则是利用信息化技术促进产业变革的时代，也就是智能化时代。这个概念最早出现在德国，在2013年的汉诺威工业博览会上正式推出，其核心目的是为了提高德国工业的竞争力，使之在新一轮工业革命中占领先机，随后由德国政府列入《德国2020高技术战略》中提出的十大未来项目之一。该项目由德国联邦教育局及研究部和联邦经济技术部联合资助，投资预计达2亿欧元，旨在提升制造业的智能化水平，建立具有适应性、资源效率及基因工程学的智慧工厂，在商业流程及价值流程中整合客户及商业伙伴。其技术基础是网络实体系统及物联网。德国所谓的工业4.0，是指利用物联信息系统（Cyber－physical System，简称CPS）将生产中的供应、制造、销售信息数据化、智慧化，最后达到快速、有效，、个人化的产品供应。“中国制造2025”与德国“工业4.0”的合作对接渊源已久。2015年5月，国务院正式印发《中国制造 2025》，部署全面推进实施制造强国战略。工业 4.0 已经进入中德合作新时代，中德双方签署的《中德合作行动纲要》中，有关工业 4.0 合作的内容共有 4 条，第一条就明确提出工业生产的数字化就是工业 4.0 对于未来中德经济发展具有重大意义。双方认为，两国政府应为企业参与该进程提供政策支持。

二、中国在第四次工业革命中所处的位置

第四次工业革命已经来到我们身边，有人认为“5G + 物联网”就是第四次工业革命。在 2018 年天津的夏季达沃斯论坛上，论坛创始人施瓦布教授就认为以 5G 技术为基础的物联网就是第四次工业革命。当然，更多的人特别是科学界的人都认为第四次工业革命只是听到脚步声，但还没有到来，他们把基于 5G 的物联网归于计算机革命的网络阶段。其实，第四次工业革命现在还没有完全到来。如果把物联网排除开，那么第四次工业革命存在于如下五个方向：第一个是新材料，现在所有的电子产品都用硅芯片，但是基于硅晶片这种材料的电子技术已到了极限，证据是摩尔定律失效了，未来的工业革命将是基于崭新的材料石墨烯。第二个是基因工程，第三个是人工智能，第四个是量子工程，第五个是新能源。在这五个方向上，美国的技术积累很深厚，属于第一梯队。值得重视的是，中国正在全面参与五大领域，并且在不断取得新的进步。客观地说，中国与欧洲和日本在重组第二梯队；韩国、俄罗斯、印度属于第三梯队，没有能力全面参与，只是选择性参与；大部分国家则属于第四梯队，尚无参与的资格。在不久的将来，中国极有可能从中、欧、日第二梯队脱颖而出，第四次工业革命的竞争将在中美之间展开。这个是过去 500 年都没有的大变局，过去 500 年的工业革命都是西方参与，这次则是东西方同时参与。这对于中国而言将是个机会。

三、中国应如何把握新的历史机遇

在新的历史时期，第四次工业革命对中国而言无疑是最大的机遇，

从逻辑上讲，所以中国必须抓住这个难得的历史机遇。

首先，继续深化改革，扩大对外开放。改革开放是决定当代中国命运的关键抉择，改革是社会主义制度的自我完善，是社会主义社会发展的必然要求，是中华民族实现复兴的强大而持久的动力源。没有改革开放，就没有今天发展的大好局面。在新工业革命时代，科学技术的竞争将会更加激烈，要保持科技的继续发展和进步，必须继续深化改革，继续扩大对外开放。

其次，加大研发投入，推进工业革命。在第四次工业革命中，美国的优势其创新能力无与伦比，但缺点是产业空心化，很多高科技无法进入市场。而从市场的角度看，无论技术有多好，如果不能变成市场接受的产品，那就是一张废纸。中国的优势是在将技术变成市场接受的产品方面上独树一帜，而且随着投入的增加、教育和科研的进步，中国的创新能力也在迅速提高。

第三，利用后发优势，稳定发展经济。尽管从 2014 年起中国经济增速连续五年下滑，但至 2019 年底，中国的经济增速下滑已经停止。尽管 2020 年世界遭遇新冠肺炎疫情影响，但中国凭借强大的经济韧性，率先实现复工复产，并成为全球主要经济体中唯一实现正增长的国家。基于中国的制度优势和良好的经济基本面，中国之后还会有 20 年左右的中高速增长。

第十一章　“一带一路”倡议与人类命运共同体建设

“一带一路”建设是在中国构建全方位开放新格局，深度融入世界经济体系背景下提出的重大倡议，旨在促进经济要素有序自由流动、资源高效配置和市场深度融合，推动沿线各国实现经济政策协调，开展更大范围、更高水平、更深层次的区域合作，共同打造开放、包容、均衡、普惠的区域经济合作架构，维护全球自由贸易体系和开放型世界经济。“一带一路”贯穿欧亚大陆，东边连接亚太经济圈，西边进入欧洲经济圈。历史上，陆上丝绸之路和海上丝绸之路就是中国同中亚、东南亚、南亚、西亚、东非、欧洲经贸和文化交流的大通道。它将充分依靠中国与有关国家既有的双多边机制，借助既有的、行之有效的区域合作平台。“一带一路”将彻底改变之前点状、块状的发展格局：横向看，贯穿中国东部、中部和西部；纵向看，连接主要沿海港口城市，并且不断向中亚、东盟延伸。这将改变中国区域发展格局，更多强调省区之间的互联互通、产业承接与转移，有利于中国加快经济转型升级。习近平总书记在党的十九大报告中明确提出“坚持和平发展道路，推动构建人类命运共同体”，是对中国优秀传统文化的创造性转化和创新性发展，是对马克思列宁主义的继承、创新和发展，是对新中国成立以来中国外交经验的科学总结和理论提升。人类命运共同体自提出以来，内涵不断丰富，相关实践不断推进。

第一节 “一带一路”倡议的时代背景

2013 年 9 月 7 日，习近平主席在对哈萨克斯坦进行国事访问时应邀到纳扎尔巴耶夫大学发表演讲，首次提出“丝绸之路经济带”的概念。习近平主席在演讲中指出，“为了使各国经济联系更加紧密、相互合作更加深入、发展空间更加广阔，我们可以用创新的合作模式，共同建设‘丝绸之路经济带’，以点带面，从线到片，逐步形成区域大合作”。10 月 3 日，习近平主席在印度尼西亚出席亚太经合组织（APEC）第 21 次领导人非正式会议时应邀到印度尼西亚国会发表《携手建设中国—东盟命运共同体》的重要演讲，进一步提出中国愿同东盟国家加强海上合作，使用好中国政府设立的中国—东盟海上合作基金，发展好海洋合作伙伴关系，共同建设“21 世纪海上丝绸之路”，由此形成“一带一路”倡议。在世界经济复苏乏力，发达经济体货币政策走向分化的背景下，很多国家的经济可能面临困境，亟须新的经济增长点。中国借此机会，将有利于几乎所有国家的政策融入“一带一路”和亚太经济与合作组织中，实现共赢。中国为推动区域经济一体化很多努力，包括 21 世纪海上丝绸之路战略、丝绸之路经济带战略、孟中印缅经济走廊战略、中巴经济走廊战略、东北亚经济整合战略等。以亚太经合组织为例，随着中国经济的发展，美国在亚太经合组织的话语权被削弱了，因此美国一直在推动要把中国规避在外的跨太平洋经济伙伴关系（TPP），希望通过 TPP 的建设，在经济上孤立中国，用 TPP 替代 APEC。在 2014 年的北京 APEC 非正式会议上，中国力推亚太自贸区和“一带一路”，就是要强化 APEC 的作用，因为中国的发展趋势和亚太深化合作是一致的。

一、深化产业合作，实现互利共赢

改革开放以来，经过 40 多年的快速发展，中国的产业结构发生了巨大的变化，也对经济的运行形成制约。传统的出口国较为单一和狭窄，美欧日占据出口的核心国位置，但这些传统的出口市场已经开拓得较为充分，增量空间明显缩小，国内的传统优势产能也难以消化。中国不仅拥有庞大的产能，而且拥有巨额外汇资产；而新兴市场国家和欠发达国家的基础设施建设仍然欠缺，中国将积累的外汇储备作为拉动全球增长的资本金，可以实现互利共赢。基于当今世界的发展大趋势，中国提出“一带一路”倡议，得到亚太国家、中亚和欧洲国家的认可，中国要努力推动融合欧亚大陆甚至欧亚非大陆的经济整合，走互惠互利的发展共赢之路。“丝绸之路经济带”涵盖东南亚经济整合、东北亚经济整合，并最终融合在一起通向欧洲，形成欧亚大陆经济整合的大趋势。“21 世纪海上丝绸之路”则是从海上联通欧亚非三个大陆，最终可以和“丝绸之路经济带”倡议形成一个海上、陆地的闭环，从而推动区域经济一体化乃至欧亚大陆经济融合。实现合作共赢是“一带一路”倡议的中心思想，也是中国国家发展思想的包容性体现。

二、加强能源合作，促进经济发展

石油是工业社会发展的基础，其不可再生性更是受到世界的关注。石油和天然气作为重要的战略资源，不仅是经济发展中至关重要的动力来源，也与现代军事的发展息息相关。当前，随着国际能源局势的不断变化以及中国能源消费的不断增长，作为世界上最大的能源消费国和进口国，中国在未来很长一段时间内仍将面临严峻的能源安全问题。“一带一路”沿线国家油气储量丰富，出口能力巨大，截至 2016 年年底，油气探明储量为 1390 亿吨和 143. 4 万亿立方米，分别占全球总量的 57. 75% 和 76. 85% 。“一带一路”沿线国家也是中国能源进口的主要区域。中国的油气资源、矿产资源对国外的依存度较高，这些资源主要通过沿海海路进入中国，渠道较为单一。中国与其他重要资源国的合作还不深入，经贸合作也未广泛有效地展开，使得资源方面的合作不稳定和牢固。“一带一路”倡议新增了大量有效的陆路资源进入通道，对于资源获取的多样化十分重要。“一带一路”作为大型国际合作项目，连接了亚洲、非洲和欧洲，提出并促成包括道路在内的大量基础设施项目的合作，可以推动世界贸易，为沿线各国共谋发展、共同繁荣提供了新的重大契机。习近平主席在2013年10月举行的中国周边外交工作座谈会中指出，“我国周边充满生机活力，发展优势及潜力明显，总体环境稳定，睦邻友好、合作互利是周边国家对华关系的主流”。而“一带一路”沿线主要涵盖中国周边地区，合作共赢、共同发展的国际形势为推进地区能源合作和经济发展提供了重要的机遇。

三、加强政策沟通，有利区域整合

“一带一路”贯穿欧亚大陆，东边连接亚太经济圈，西边进入欧洲经济圈。无论是发展经济、改善民生，还是应对危机、加快调整，许多沿线国家同中国有着共同利益。历史上，陆上丝绸之路和海上丝绸之路就是中国同中亚、东南亚、南亚、西亚、东非、欧洲经贸和文化交流的大通道，“一带一路”是对古丝绸之路的传承和提升，获得广泛认同。它将充分依靠中国与有关国家既有的双多边机制，借助既有的、行之有效的区域合作平台。“一带一路”的建设不仅不会与上海合作组织、欧亚经济联盟、中国—东盟（10+1）特别是区域全面经济伙伴关系（RCEP）的既有合作机制产生重叠或竞争，还会为这些机制注入新的内涵和活力。“一带一路”打破原有点状、块状的区域发展模式，彻底改变之前点状、块状的发展格局。横向看，它贯穿中国东部、中部和西部；纵向看，它连接主要沿海港口城市，并且不断向中亚、东盟延伸。同时，这也将改变中国区域发展格局，更多强调省区之间的互联互通、产业承接与转移，有利于中国加快经济转型升级。

四、提升合作水平，推动贸易发展

“一带一路”倡议将有助于提升区域经济合作水平，从而推动国际贸易的全面发展。如“21世纪海上丝绸之路”将以国内外的港口为支点建设，推动各种规格的自贸协定谈判。在国内，特别是上海自贸区试验成功后，就可以以上海（含宁波舟山）和泉州湄洲湾港的超级深水港为依托建设国际中转港，真正带动建设国际经济、金融、贸易、航运中心。中国主动加速主导区域经济整合，将提升自己的区域经济影响力。区域全面经济伙伴关系协定（RCEP）是以东盟为中心的一个现代、全面、高质量、互惠的区域贸易协定。区域全面经济伙伴关系协定谈判于2012 年由东盟 10 国发起，并于 2013 年 5 月启动首轮谈判。截至2019 年 11 月，区域全面经济伙伴关系协定已举办三次领导人会议、19 次部长级会议和 28 轮正式谈判，包括东盟 10 国、中国、日本、韩国、澳大利亚和新西兰 15 个成员方结束全部文本谈判及实质上所有市场准入的谈判，下一步将启动法律文本审核工作，以便在 2020 年签署协定。尽管印度此次因“有重要问题尚未得到解决”而暂缓加入协定，但是区域全面经济伙伴关系协定第三次领导人会议联合声明的发表仍标志着亚洲区域经济一体化取得重大突破性进展，世界上人口数量最多、成员结构最多元、发展潜力最大的亚洲区域经济合作进程取得重大突破，亚洲国家正朝着构建亚洲共同体的目标不断迈进。区域全面经济伙伴关系协定的建立意味着约占全球 28.9% 经济体量的亚洲地区将成为自由贸易和投资的集中地，这将极大地增加亚洲区域经贸政策的稳定性，优化投资预期，提振生产和消费信心，特别是有助于为全球提供一个区别于传统欧美市场的最终消费市场，为拉动世界经济增长提供助力。作为全球最具潜力的区域自由贸易协定，区域全面经济伙伴关系协定将进一步打破亚洲区域贸易壁垒，促使亚洲形成统一和稳定的生产与消费市场，将对亚洲乃至全球其他正在谈判的区域和多边自由贸易安排产生积极示范效应。

第二节 “一带一路”是构建人类命运共同体的伟大实践

丝路精神与人类命运共同体理念高度契合。古丝绸之路之所以名垂青史，是因为它使用的不是战马和长矛，而是驼队和善意；依靠的不是坚船和利炮，而是宝船和友谊。沿着古丝绸之路，东西方文明实现了对话与交融。更为重要的是，商品和知识交流带来了观念创新，这是交流的魅力、互鉴的成果。“一带一路”建设根植于丝绸之路的历史土壤，把沿线各国人民紧密联系在一起，致力于合作共赢、共同发展，让各国人民更好共享发展成果，这既是对丝路精神的传承，也是中国倡议共建人类命运共同体的重要目标。“一带一路”建设开辟了合作共赢的新天地。自“一带一路”倡议提出以来，中国政府牢牢把握互联互通这个关键，以“五通”为主要内容，取得丰硕成果。“一带一路”顺应各国要求加快发展的愿望，坚持共商共建共享的理念，为推动共同发展和全球化再平衡开辟了新的路径。政策协调方面，截至 2019 年底，中国已同 130 多个国家和国际组织签署合作协议，同 30 多个国家开展机制化产能合作，与许多国家进行政策协调，实现战略对接。设施联通方面，以中巴、中蒙俄、新亚欧大陆桥等经济走廊为引领，一个复合型的基础设施网络正在形成。贸易畅通方面，中国同“一带一路”参与国大力推动贸易和投资便利化，不断改善营商环境。资金融通方面，中国与各参与国和组织开展多种形式的金融合作，亚洲基础设施投资银行、“丝路基金”等提供有力资金支持。民心相通方面，“一带一路”建设参与国弘扬丝绸之路精神，为“一带一路”建设夯实民意基础，筑牢社会根基。这些丰硕的成果表明，“一带一路”建设实现了各国政策和发展战略对接，深化了务实合作，促进了协调联动发展，使各国民众在合作中得到实惠，彼此距离进一步拉近，各方愈发形成更加紧密的利益共同体、命运共同体、责任共同体，开辟了合作共赢的新天地。

“一带一路”建设为构建人类命运共同体注入强劲动力。古丝绸之路跨越尼罗河流域、底格里斯河和幼发拉底河流域、印度河和恒河流域、黄河和长江流域，跨越埃及文明、巴比伦文明、印度文明、中华文明的发祥地，跨越佛教、基督教、伊斯兰教信众的汇集地，跨越不同国度和肤色人民的聚居地。不同文明、宗教、种族求同存异、开放包容，并肩书写相互尊重的壮丽诗篇，携手绘就共同发展的美好画卷。今天的

"一带一路"建设正是以开放包容的心态面向世界，它不是中国版的"马歇尔计划"，不重复地缘博弈的老套路，不谋求霸权和势力范围，不以文明和意识形态划线。习近平总书记指出，推进"一带一路"建设，实现各国战略对接、优势互补，共同应对世界经济当前面临的挑战，符合各国的共同利益。"一带一路"建设以文明的互鉴超越文明的冲突，推动各国相互尊重、民主协商和共同决策，开创了多元文明交融的新路径，用实实在在的行动体现了人类命运共同体的精神实质。"一带一路"建设正在成为和平之路、繁荣之路、开放之路、创新之路、文明之路，不断朝着人类命运共同体方向迈进。

第三节 人类命运共同体理论的世界意义

2017 年，首届"一带一路"国际合作高峰论坛在北京召开。2019 年，第二届论坛如期而至，中国在推动"一带一路"建设方面不断取得新的进展，得到越来越多国家和国际组织的认同与支持。截至 2019 年底，中国与 137 个国家和 30 个国际组织签署 197 份"一带一路"合作文件。与"一带一路"相呼应的中欧班列超过 1 万列，通达欧洲 21 个国家的 90 个城市。中欧班列从最初的以单一的 IT 产品为主逐步扩大到汽车、粮油、葡萄酒、家具、小商品和机械等商品，基本实现全品类贸易货物运输。"一带一路"倡议实施 7 多年来，中国与沿线国家的贸易额超 6 万亿美元，对外投资超 800 亿美元。世界银行等机构指出，"一带一路"合作使得全球贸易成本降低 1%—2.2%，推动亚洲沿线国家经济合作的贸易成本降低 10%，2019 年全球经济增速会因为"一带一路"提高至少 0.1 个百分点。"一带一路"几乎与每一个沿线合作国家的国内经济计划都进行了对接。在亚投行以及中国金融机构的支持下，与沿线国家的基础设施的连接正在快速推进并逐步完成。"一带一路"倡议顺应了时代发展之需、全球治理变革之要。在大变革、大动荡的时代背景下，加强经济合作、共建开放共赢的多边全球治理体制，积极参与“一带一路”建设，为经济发展寻找通路，成为跨越欧亚大陆的共同心声，成为构建共商共建共享全球治理观的重要抓手。

一、顺应了百年变局下的全球治理体系变革之需

当今世界发展正面临百年未有之变局。实际上，面对时代发展大潮和趋势，百年前与百年后的发展比较，时代发展的新特征、新特点让我们清楚地看到：百年未有之大变局，是以金砖国家为代表的新兴市场、发展中国家日益走近世界舞台中央，参与塑造国际规则，推进全球治理体系变革，摆脱长期处于规则制定和话语权边缘化的变局；是人类命运更加紧密相连，国际力量对比更加均衡的变局；是新机遇与挑战并存，人类走到十字路口，面临合作还是对抗、开放还是封闭、互利共赢还是零和博弈的选择的变局；是中华民族摆脱近代百年屈辱命运，经历站起来、富起来，走向强起来，迎接民族复兴曙光美好未来的变局；是第四次工业革命革命背景下人类发展面临新的重大社会发展与价值观重构的变局。在“一带一路”倡议提出之初，或许没有人会想到在短短 7 年的时间里，一切会发生如此巨大的变化，尤其是对始终抱有浓厚抵制情绪的西方国家而言。由于历史及现实的原因，“一带一路”倡议一度引起不少沿线国家尤其是西方社会的广泛猜疑甚至抵制。推进实施期间，个别沿线国家出现的一些政治经济问题，在一定程度上仿佛给反对声音找到“佐证”。一些国际舆论认为，中国的“一带一路”倡议或许很难有效实施下去，甚至面临失败的命运。然而，上述一系列数据显然回击了这样的怀疑和攻击。参与国更多，签署的协议更多，与会者更多，这些都证明了 7 年多来，世界尤其是“一带一路”沿线国家已经认识到该战略的意义和价值，它们开始更加积极主动地配合和参与进来。

二、为构建人类命运共同体提出具体方案

作为一个发展中的大国，以及全球最大的发展中国家，中国在承担自身巨大发展任务的同时，也努力承担与自身能力相匹配的国际责任，

从不逃避。习近平主席在中法全球治理论坛闭幕式上发表的《为建设更加美好的地球家园贡献智慧和力量》讲话深刻指出：“面对严峻的全球性挑战，面对人类发展在十字路口何去何从的抉择，各国应该有以天下为己任的担当精神，积极做行动派，不做观望者，共同努力把人类前途命运掌握在自己手中。”中国积极参与维护全球战略平衡，积极参与推动达成气候变化《巴黎协定》，积极参与联合国维和行动，积极参与维护多边规则，维护伊朗核协议机制，推动朝鲜半岛问题解决并发挥建设性作用，进一步扩大开放，为全球经济发展提供稳定的力量。中国的作用、中国的责任，透过国际社会共同携手构建人类命运共同体，共同构建新型国际关系而不断取得新的成绩。“一带一路”是中国古代丝路精神在今天的传承，更是自古以来丝路沿线人民交流、融通、友谊、合作精神的传承。当今世界，无论大国、强国、富国，还是小国、弱国、穷国，都承担着全球发展的责任，都担负着人类命运和发展前途。对于人类长远未来，各国都承担着一份责任。大国关系事关全球战略稳定，大国肩上都承担着特殊责任。

三、为维护多边主义提供了公共产品

“一带一路”是多边主义、多边治理的倡议。当前单边主义的冲击让许多国家都感到压力和担忧。但是，国际社会支持多边主义的声音仍然是主导力量。“独行快，众行远。”多边是“众行”之路，“一带一路”倡议实施以来，实实在在造福沿线人民，带去了就业、光明、道路、合作，带去了有商有量的机制，带去了平等、尊重、真诚的诚意。推动多边主义，维护多边主义是全球治理体系完善和稳定的基石。“一带一路”倡议是中国为推动国际合作、促进共同发展提供的国际公共产品，是携手构建人类命运共同体的重要路径。

以合作破解治理赤字，以全球化的多边主义，更加紧密的全球关系，促进各国发展，实现各自国家国内治理与全球治理的联通，共同协作改革不平衡的全球化发展趋势，完善多边机制，打通发展的新通道，维系全球战略的稳定、平衡，为世界提供更多发展所需的国际公共产品。而“一带一路”倡议顺应了时代发展和人心所向，是中国立足自身，面向世界，针对世界发展大势提出的破解全球治理赤字，落实人类命运共同体思想的中国“药方”和中国方案。它坚持公正合理，破解治理赤字；坚持互利共赢，破解发展赤字。

既有的全球化发展模式，确实存在发展的弊端，从规则的制定，到国际产业分工体系，再到大型跨国企业主导的国际市场对国际资源的配置，引发全球化在世界市场和有关国家内部收入分配体系的不平衡、不均衡、不平等问题，是导致逆全球化民粹主义兴起和有关国家长期动荡的直接诱因。和平与发展是时代的主题，更是各国普通民众的呼声，各国有责任提出、对接发展倡议，破解全球化发展不平衡、不平等问题，走包容发展的新全球化发展之路。“一带一路”是新全球化时代的发展倡议。习近平总书记指出：“‘一带一路’倡议丰富了国际经济合作理念和多边主义内涵，为促进世界经济增长、实现共同发展提供了重要途径。”

第十二章　全球治理理论的形成与发展

全球治理（Global Governance）理论是顺应世界多极化趋势而提出的旨在对全球政治事务进行共同管理的理论。该理论最初由社会党国际前主席、国际发展委员会主席勃兰特于 1990 年在德国提出。1992 年，28 位国际知名人士发起成立“全球治理委员会”（Commission on Global Governance），并由卡尔松和兰法尔任主席，该委员会于 1995 年发表名为《天涯成比邻》（*Our Global Neighborhood*）的研究报告，较为系统地阐述了全球治理的概念、价值以及全球治理同全球安全、经济全球化、改革联合国和加强全世界法治的关系。进入 21 世纪 20 年代以来，中美贸易战正有朝着金融战、货币战升级的趋势，引发国际社会的担忧。事实上，与中美贸易争端全面爆发几乎同时出现的另一个局面是，随着美国不断“退群”，以及联合国、世界贸易组织等国际组织自身暴露出的问题越来越明显，近几十年来在探索中取得一定成绩的全球治理正面临倒退的危机。

为了成立梦寐以求的世界政府，欧洲人发明和推进了一种替代性的安排，这就是全球治理。全球治理最初是一个欧洲概念。这个概念与欧盟的概念几乎同时诞生，也诞生在冷战结束的时刻。全球治理与世界政府之间的关系往往是我们会忽略的。全球治理的逻辑是，既然这个世界很难出现一个世界政府，但世界分为一一个国家的状态不仅很难解决人类和各国共同的问题，而且无法避免诸如世界大战这样的暴力发生，因此就需要找到另外的解决方案，即全球治理。

第一节　全球治理的核心要素

全球治理的核心要素包括五个方面：一是全球治理的价值，即在全球范围内所要达到的理想目标，应当是超越国家、种族、宗教、意识形态、经济发展水平之上的全人类的普世价值。二是全球治理的规制，即维护国际社会正常秩序，实现人类普世价值的规则体系，包括用以调节国际关系和规范，国际秩序的所有跨国性的原则、规范、标准、政策、协议、程序等。三是全球治理的主体，即制定和实施全球规制的组织机构，主要有三类：（1）各国政府、政府部门及地区的政府当局；（2）正式的国际组织，如联合国、世界银行、世界贸易组织、国际货币基金组织等；（3）非正式的全球公民社会组织。四是全球治理的客体，指的是已经影响或者将要影响全人类的、很难依靠单个国家得以解决的跨国性问题，主要包括全球安全、生态环境、国际经济、跨国犯罪、基本人权等。五是全球治理的效果，涉及对全球治理绩效的评估，集中体现为国际规制的有效性，具体包括国际规制的透明度、完善性、适应性、政府能力、权力分配、相互依存和知识基础等。上述五个核心要素简单来说就是五个问题，即为什么治理、如何治理、谁治理、治理什么、治理得怎样。

全球治理不同于世界统治，它不会是世界政府，但是也不同于国家之间的协会那样的国际组织——这种国际组织其实并不能从根本上防止世界的大冲突。全球治理的出现，是世界事务中一个重大的变化。1994年，《联合国海洋法公约》（UNCLOS）生效，这一公约签署于1982年，却迟迟不能生效。1995年，更加具有全球治理意义的事件是，世界贸易组织取代关税与贸易总协定。我们知道，第二次世界大战结束前夕，在设计和实践二战后的世界秩序时，人们想建立国际贸易组织，最后却只建立了一个不到位的总协定。世界贸易组织不仅实现了国际贸易组织的初心，而且更进了一步。“国际”与“世界”的差别很大。世界贸易组织实际上就是全世界的一个经济政府，但它又不能叫世界政府，只能叫组织（Organization）。世界贸易组织的名字本身就是一种矛盾的组合，它的权力非常大，其争端解决机制和上诉机构实际上就是世界政府。美国特朗普政府为什么不喜欢世界贸易组织，就是因为它与特朗普政府的价值观具有根本冲突。特朗普政府的价值观是经济民族主义，是反对世界政府的。由于特朗普政府等主权主义者的反对，世界贸易组织目前面临体制性的危机（类似各国国内组织中的"宪政性危机"）。

冷战结束后，美国学界与欧洲学界不同，尽管也有一些学者在研究全球治理，但美国学界的主流不是全球治理，而是"历史终结"等"美国的世界秩序"（American World Order）或者美国的"首要地位"（Primacy）之类的内容。所以，亚洲金融危机发生后，美国人认为那是李光耀等主张的"亚洲价值"的危机。在强势的"美国的世界秩序"之下，"亚洲价值"处在被批评的位置。但是，正是亚洲金融危机刺激了东盟组织与传统东亚国家（中、日、韩）参加的"东亚合作"。不过，东亚合作由于缺少东亚地区主义的支持，并没有形成"东亚共同体"，但却让人从中看到"美国的世界秩序"的衰退。这一衰退主要表现为美国人自己的世界观发生了根本转变，从国际主义（以约瑟夫·奈的"软实力"为代表）或者全球主义（以福山的"历史终结"为代表）转变为经济民族主义（以史蒂夫·班农为代表）。在这种情况下，中国政府适时提出构建人类命运共同体为主要内容的全球治理中国方案。但是，民族主义与全球治理是相互冲突的。民族主义原本是全球治理（所要治理）的对象。近些年来，有的中国学者开始讨论"天下秩序"，似乎"天下秩序"是"后美国的世界秩序"（Post - American World Order）的一个替代性秩序。中国古代所说的"天"，是不是"天下秩序论"者所说的"天"？显然，这是有差异的。中国古代的"天下"，皇帝是"天"的代表，是"天子"；"下"指的是百姓（那时并无"社会"一说），是统治对象。这是一种传统的古代中国的统治思想和实践。

根据"全球治理委员会"的定义：治理是个人和制度、公共和私营部门管理其共同事务的各种方法的综合。它是一个持续的过程，其中，冲突或多元利益能够相互调适并采取合作行动，它既包括正式的制度安排，也包括非正式的制度安排。由此可见，全球治理的基本特征包括：一是全球治理的实质是以全球治理机制为基础，而不是以正式的政府权威为基础；二是全球治理存在一个由不同层次的行为体和运动构成的复杂结构，强调行为者的多元化和多样性；三是全球治理的方式是参与、谈判和协调，强调程序的基本原则与实质的基本原则同等重要；四是全球治理与全球秩序之间存在紧密的联系，全球秩序包含那些世界政治不同发展阶段的常规化安排，其中一些安排是基础性的，而另一些则是程序化的。

第二节　全球治理的现实意义

在各治理主体参与全球治理的过程中，基于其自身特色及在国际体系中的不同地位，体现出三种不同的治理模式：一是国家中心治理模式，即以主权国家为主要治理主体的治理模式。具体来说，就是主权国家在彼此关注的领域，出于对共同利益的考量，通过协商、谈判相互合作，共同处理问题，进而产生一系列国际协议或规制。二是有限领域治理模式，即以国际组织为主要治理主体的治理模式。具体来说，就是国际组织针对特定的领域（如经济、环境等领域）开展活动，使相关成员国之间实现对话与合作，谋求实现共同利益。三是网络治理模式，即以非政府组织为主要治理主体的治理模式。具体来说，就是在现存跨组织关系网络中，针对特定问题，在信任和互利的基础上，通过协调目标与偏好各异的行动者的策略而展开的合作管理。虽然全球治理的理论尚不十分成熟，尤其是在一些重大问题上还存在很大争议，但这一理论无论在实践还是理论上都具有十分积极的意义。就实践而言，随着全球化进程的日益深入，各国的国家主权事实上已经受到不同程度的削弱，而人类所面临的经济、政治、生态等问题则越来越具有全球性，需要国际社会的共同努力。全球治理顺应了这一世界历史发展的内在要求，有利于在全球化时代确立新的国际政治秩序。就理论而言，它打破了社会科学中长期存在的两分法传统思维方式，即市场与计划、公共部门与私人部门、政治国家与公民社会、民族国家与国际社会等。它把有效的管理看作两者的合作过程；它力图发展起一套管理国内和国际公共事务的新规制和新机制；它强调管理就是合作；它认为政府不是合法权利的唯一源泉，公民社会同样是合法权利的来源；它把治理看作当代民主一种新的现实形式等，这些都为推动政治学和国际政治学的理论发展起到非常重要的作用。

第三节　全球治理中的中国方案及其贡献

“一带一路”倡议、新型大国关系、人类命运共同体理念等，这些中国方案以高瞻远瞩、务实合作、辩证和渐进的特点在世界舞台上展现出中国的大国气派。中国共产党第十九次全国代表大会更是提出，“中国特色社会主义道路、理论、制度、文化不断发展，拓展了发展中国家走向现代化的途径，给世界上那些既希望加快发展又希望保持自身独立性的国家和民族提供了全新选择，为解决人类问题贡献了中国智慧和中国方案”。中国方案对世界和平、发展与稳定发挥着积极的推动作用。

一、中国方案是中国传统文化的“传载体”

历史上，汉代的昭君出塞、张骞出使西域，唐代的鉴真东渡，明代的郑和下西洋，都搭建起中外交流的桥梁，同时也把中国博大精深的传统文化带向世界。如今，中国方案更是体现了中国传统文化中的包容、变通、利他和守信等传统美德，成为中国传统文化的“传载体”。在2014年亚太经合组织（APEC）工商领导人峰会上，习近平主席提出“共同建设互信、包容、合作、共赢的亚太伙伴关系，志同道合是伙伴，求同存异也是伙伴”。这体现了中国方案有着与西方大国竞争、超越、遏制等不同的思维，表明了中国传统文化尊重多样性，提倡和谐共存的理念。在这一开放包容的理念下，中国积极与各国对话，尊重国家间彼此差异，跨越国家间制度、文化与发展阶段的不同，与多国建立起伙伴关系。南海问题的解决方案，彰显了中国传统文化中变通的智慧。中国文化讲究“变通”，变则通，随形势而调整；通则扬，依据形势变化而发展、提升——即在坚持原则的基础上，在变与不变中张弛有度、顺势而为，随着形势的变化采取不同的举措。继搁置争议、共同开发的“南海方案”后，中国又提出处理南海问题的“双轨”思路：一方面，有关争议由直接当事国通过友好协商谈判寻求和平解决；另一方面，南海的和平与稳定由中国与东盟国家共同维护。这一方案得到南海周边国家的普遍认同。此外，中国还强调在落实《南海各方行为宣言》框架下启动“南海行为准则”，与各国共同维护南海的和平与稳定，将南海建设成“和平之海”“友谊之海”“合作之海”，中国方案再次发挥了独特建设性作用。

中国传统文化自始至终强调“和合共生”、利他惠己、和谐共赢。利他的思想千百年来已注入中国传统文化的血液之中。中国人讲究不乘人之危，不在他人危难之际落井下石，提倡彼此在互惠互利的基础上实现共赢共享。中国方案中的共赢战略思想在改革开放的一系列实践开始时便特别重视利己与利他的相对平衡，对于可持续发展有着深刻意义。共赢强调合作的目的，如果合作仅仅是为了壮大自身，那么合作就是权宜之计，合作只有为了共赢才会长久持续。共赢强调共荣共享：不搞一骑独尘，不搞一枝独秀；强调相互依存，相互塑造，相互合作，相互帮持，相互映衬，相得益彰。在利他思想中，还有一种观点值得关注，那就是成全。所谓成人之美，自己也美；乘人之危，自己也危。从国际安全的角度来阐述，那就是必须正确地评价和考虑对方的安全，自己才会有安全。面对日趋复杂多变的亚洲局势，习近平主席在第四届亚信峰会上提出的亚洲安全观更是恰逢其时。亚洲安全观强调“合”与“共”，体现了区域间各国协同合作的重要性，同时也强调了各国自身的主权性，是利己与利他思想的真实体现，为当前复杂的亚洲安全局势提供了更为有效的破解之法。

二、中国方案是创新理念的“弄潮儿”

随着中国国力的日益增强，以及其在国际体系中的不断融入，中国方案无论在理论还是实践上都在不断创新。其创新理念的提出既有浓厚的历史积淀，也展现了中国在世界潮流中“弄潮儿”般的勇气与担当。在中国共产党的领导下，“一带一路”的世纪蓝图逐渐从理念变为现实，从愿景变为实际，世界的目光越来越聚焦于中国，而“一带一路”周边各国也搭上了中国发展的顺风车，获得更多的发展红利。相互尊重、合作共赢的新型大国关系，积极进取、务实创新的新型多边外交、新型周边关系、新型南南合作、新型政党关系等一系列中国方案的提出，不仅让世界听到中国的声音，更让世界认同中国的方案。尽管西方社会与东方有着千差万别，但中国方案摒弃唯我、排他的视角，在国际社会中寻找合作共赢的机遇和道路。从正确义利观到新安全观、全球治理观、新发展观、构建人类命运共同体等一系列中国方案的新理念、新主张，表明中国方案追求的是共同价值观、共同发展观、共同安全观和共同利益观。它以多元价值为主导，强调国家间相处的公平正义，在解决中国发展面临的问题时，也在探索人类发展的新方向。中国方案的不断创新，显示了鲜明的中国特色、中国风格、中国气魄，不仅为中国营造了良好的发展环境，也为世界的和平与发展提供了强有力的支持，走出一条有中国特色的大国外交之路。

三、中国方案是新兴全球化的“助推器”

面对国际社会复杂多变、地区局势跌宕彼伏、新问题不断涌现的现状，判断当前局势，有效调动国内外积极因素，保证快速而强大的行动力对于一国而言显得分外重要，中国方案为破解当前复杂难题，实现全球和平与发展开辟了新路径，指明了全球化发展的新方向。2017 年 1

月 17 日，习近平主席在瑞士出席世界经济论坛 2017 年年会，并在开幕式上发表题为《共担时代责任，共促全球发展》的主旨演讲。习近平主席在演讲中指出全球经济所面临的问题和困境，提出要推动世界经济增长和加强全球化再平衡的中国方案，呼吁各方要联手打造创新驱动的增长模式、开放共赢的合作模式、公正合理的治理模式、平衡普惠的发展模式。2017 年 1 月 18 日，习近平主席在联合国日内瓦总部发表了题为《共同构建人类命运共同体》的主旨演讲，系统阐述了共同构建人类命运共同体这一重大国际倡议，针对人类社会面临的种种全球性问题，提出解决这些问题的中国方案，中国智慧大放异彩。

从“一带一路”倡议，到构建新型大国关系；从正确的义利观到“亲诚惠容”理念和“与邻为善、以邻为伴”的周边外交方针；从公平、开放、全面、创新的共同发展观到共同、综合、合作、可持续的亚洲安全观；从“共商、共建、共享”的全球治理观到合作共赢的国际秩序观，中国在国际舞台上不断提出自己的鲜明主张，成为国际体系变革中的积极因素。中国方案给全球化进程指明了新的方向，提升了世界各国建设发展的信心和决心。在大变化、大发展、大调整的时代，中国与世界紧密联系在一起，中国方案不仅为中国自身发展诊脉开方，同时也为经济全球化发展助力前行，贡献正能量。

四、中国方案是稳定大国关系的“压舱石”

中国的和平崛起不仅使中国跻身大国行列，同时也使中国在国际体系中发挥越来越重要的作用。一方面，一些西方学者认为中国崛起后必然会与现存的超级大国美国发生冲突，即陷入新崛起大国与现有大国必将争霸的“修昔底德陷阱”，以推翻现有的国际秩序，塑造更适合自身利益的国际新秩序；另一方面，又有学者别有用心地认为中国崛起后，中国的动向不是“示强”，而是“示弱”，即陷入所谓“金德尔伯格陷阱”，认为中国不愿承担国际责任，不愿提供国际公共产品，从而使世界陷入危机。鉴于此，中国推出一系列中国方案，充分展示了中国努力构建新型大国关系的实际行动和敢于负责的大国担当。中美关系是中国外交关系长期以来的重中之重。然而，中美关系总是会受到诸多因素的影响，比如台海问题、南海问题、朝鲜半岛问题等。此外，媒体、学界等对中美关系的一些渲染也产生了一定的负面影响。中国方案以“不冲突不对抗、相互尊重、合作共赢”为内容来构建中美新型大国关系，以推进中美关系稳定健康发展。中国方案也强调了中美两国的良性互动，两国的和平发展之路不能只靠中国一方面的妥协与退让，更需要双方的共同建设。在处理与俄罗斯、欧盟等主要大国和国家集团关系时，中国方案坚持开放包容的理念，以维护全球和平与安宁、促进世界和谐共存为出发点，尊重各国社会制度和发展阶段的差异，不断提升伙伴关系，推动与大国关系的总体稳定、均衡发展。中国方案作为处理大国关系的“压舱石”，不仅推动国家间务实合作的稳步向前，也促使大国合作在时代的潮流中迎风破浪，携手并进，共创未来。

五、中国方案是周边维稳、缓和地区冲突的“安全阀”

中国有 14 个陆上邻国，6 个海上邻国，周边局势的稳定关系到中国的发展大计。在党的十九大报告中，中国方案提出“按照‘亲诚惠容’理念和‘与邻为善、以邻为伴’周边外交方针深化同周边国家关系，秉持正确义利观和‘真实亲诚’理念加强同发展中国家团结合作”的外交思路。尽管中国仍将长期属于发展中国家，但随着综合国力的提高，中国居于世界大国、亚太强国之列，周边外交成为中国外交的长期任务。为了给中国的发展争取和平稳定的外部环境特别是周边环境，中国进行了一系列探索和尝试，形成独具特色的中国方案，为周边形势的稳定和地区冲突的缓和启动了“安全阀”。2018 年 3 月 23 日，联合国人权理事会第 37 届会议通过中国提出的“在人权领域促进合作共赢”决议。决议呼吁各国共同努力，构建相互尊重、公平正义、合作共赢的新型国际关系，构建人类命运共同体，强调各国要坚持多边主义，加强人权领域对话与合作，实现合作共赢。

中国方案不仅发出浑厚有力的中国声音，同时也体现了睿智大气的中国智慧。中国方案突出的是和解，是渐进；强调的是实事求是，务实；是辩证性和大局观的有力体现。它不仅是公平正义的和平方案，也是互利共赢的合作方案，更是创新共享的发展方案。中国正积极将中国方案上升为世界方案，为世界发展贡献出更多中国智慧。

第十三章 文明互鉴与和谐社会的构建

任何一种文明，不论产生于哪个国家、哪个民族的社会土壤之中，都是流动的、开放的。这是文明传播和发展的一则重要规律。文明交流互鉴，与人类历史发展相伴而生，与各个国家、民族的进步如影随形，为世界和平发展提供重要动力，是让世界变得更美好的必由之路。正是基于对文明交流互鉴规律的全面把握，对当今世界共同面临的文明发展问题的深入思考，习近平主席在2014年上海亚信峰会和博鳌亚洲论坛2015年年会上，先后两次提出召开亚洲文明对话大会的重大倡议。如今，在国际社会热烈响应下，这一倡议即将在中国的文明古都北京成为现实，有力推动构建亚洲命运共同体，开创亚洲新未来。中国提出的“人类命运共同体”理念在相当意义上是对“文明冲突论”的超越，它承载着中国对建设美好世界的崇高理想和不懈追求。“文明冲突论”在当前国际关系领域影响广泛。该理论的核心观点认为，全球政治格局正以文化和文明为界限重新形成，其他人类文明类型可能共同对西方文明提出挑战。该理论在价值判定上强调异质文化的排斥性、竞争性和冲突性，一些西方学者和政客将“文明冲突论”刻意从文化理论范畴扩展到意识形态领域，期望用该理论为他们维系全球霸权服务。正是在这个意义上，“人类命运共同体”理念的提出和构建人类命运共同体，无论是在理念还是行动上都可谓对“文明冲突论”的超越。面对世界“百年未有之大变局”，构建人类命运共同体为解决世界向何处去等问题提供了全新选择，符合世界各国人民的共同利益、整体利益和长远利益。

我们应当携手世界各国人民构建人类命运共同体，为谋求世界更美好的未来共同担当。

第一节　从四大文明古国看古代东方文明的特色

所有文明的发源都有一个共同的特点，那就是地理环境优越，文明的发展都离不开持续性，因此环境的因素在一定程度上决定了一个民族文明的持续性。尼罗河、幼发拉底河、恒河、黄河是四大文明古国的发源地，这意味着河流是文明发展的一个重要因素。人类需要生存，就需要粮食，需要喝水，而粮食需要种植，粮食的种植离不开农业的发展，农业的发展又要靠灌溉。于是，依河发展农业，发展人类社会，再以此为中心向外扩展，进而形成一种趋势。这种趋势最后发展成部落、村庄、城市，甚至成为一个国家，这就是文明的开始。

古埃及、古印度、中国、古巴比伦是世界公认的四大文明古国。四大文明古国创造的科学技术成就，在人类文明发展史上做出重大贡献。它们有着众多相同点和差异性。它们都起源于大河流域，这些地方自然地理条件都比较优越，尤其是河流提供了肥沃的冲积平原和有利的灌溉条件，极大地促进了农业的发展，并在此基础上发展了其他科学技术，创造出伟大的古老文明。同时，它们的科学技术都产生于社会实践，属于同一类型，即青铜时代的农业实践模式。这使它们的科学技术在许多方面有着相似的地方，均获得辉煌的成就。但由于生产实践的差异，它们的科学技术仍有许多差异。埃及基于尼罗河泛滥后重新丈量土地的需要，对几何学比较重视。同时人们为了保存尸体，医学也比较发达，金字塔则体现了其工程学的伟大成就。古巴比伦则因为农业生产依靠天文历法，因此其天文历法比较发达，算术成就也非常突出。古印度则受宗教影响较大，而且人们重视纯粹的思辨，使佛教成为世界上哲学水平最高的宗教。中国人的祖先在实践基础上创造了发达的手工业，积累了丰富的理论成果，却没有或很少受宗教思想的支配和渗透。

而在这些古文明中，中国的文明是唯一一个没有中断过、从古至今一直延续下来的，它的文化延续性之久、影响范围之广，都是有目共睹的。从夏商周的奴隶社会，到秦朝开创的中央集权下的封建社会，再后到近当代的现代文明社会，每一次的变革，在史书上都会有明确的记载。而对于其他的东方文明来说，这样清楚的记载已经尘封于地底，可能永远都无缘面世。古代东方文明也许代表的不仅仅是亚洲文明，人类的大融合、大交流虽然普遍认为是从大航海时代才开始的，但是古代人民的坚强勇敢却是现代人所不能想象的，每个文明区域都会留下另一个文明的痕迹。这表明，早在古代，各个文明之间就有了交汇。东方人怀旧情感浓重。东方人特别重视承续性，先人如何说、祖宗如何说是东方人普遍比较重视的。东方先民直观思维的遗风很容易使人们把远古初民与想象中的神明连接到一起，并加以理想的描绘，涂上一层神圣、贤明的光圈。他们注重神（天）人合一、物我相混，并由这种天人合一、物我相混的思维定式形成一种模糊的世界观。它有利的一面是为人类认识的发展准备了宏深的条件，表现出人类灵性的一种自然状态，容易产生由人及物、由爱人到爱物的激情，有利于与周围自然环境的协调；不利的一面则是往往限制了人对外部世界的认识和改造，不容易激发出科学技术的发明。东方人神秘主义色彩浓郁，这种神秘主义贯穿在他们对神人之间、天人之间、自然与文化之间的关系等方面。它通过非常规的认识途径来昭示存在和生命的意义，提示人生真谛。它们对于直观和体悟的过分强调，往往使人们从感觉出发而最终又摆脱感觉经验。尽管这样，神秘主义还是从负面反衬出人类追求真善美的信心和理想，而且只要社会尚未达到理想的美好境界，人类受到社会变化的压力，自然会产生一种对精神慰藉的需求，以期获取理想的补偿。东方人还重感悟而轻理性。宗教气氛非常浓郁的东方世界流行着创世说、启示真理说、灵魂不死说等非理性主义产物，这些均是通过直观、内省、神秘主义的个人体验而获得的各种认识。

东方文明是世界文明的一部分，它与世界其他文明既有统一性也有差异性，这些特点在历史的长流之下显得愈加珍贵，每一段历史都代表了一段古代人民经历的故事，而这些故事串连起来，就会体现出一个民族的精神、一个民族的品格、一个民族的魅力，这些同他们因自身需要而创造出的科学、文学、建筑等融合起来，就叫作文明。我们生活在这个时代，我们拥有的现代文明就是由我们创造出来的，珍惜现在是我们最应该做的事。

第二节　人类文明的中心将再次转移

从人类文明诞生起，欧亚大陆一直是人类文明的中心。而 20 世纪美国崛起后，人类文明的中心似乎转移到北美。对人类数千年的文明史来说，这应该是一个新状况。原本，如果美国继续走在与世界合作共赢的道路上，这种新状况或许还要持续很长一段时间，毕竟在政治、经济、科技、文化、军事、国际影响力等方面，美国仍是一超独大，短时间内很难有其他国家能够全面超越美国。不过，特朗普总统的出现改变了这种局面。“美国优先”、新贸易保护主义摧毁了人类近几十年建立的开放、共赢的发展体系，人类社会面临新的风险，人类文明需要做出新的抉择：尝试重回以欧亚大陆为核心的文明轨道，推动人类文明多元共生发展。

一、欧亚大陆是人类文明的发源地

欧亚大陆是世界上最大的大陆，其总面积超过 5000 万平方千米，占地球陆地总面积的 1/3，总人口超过 49 亿，约占世界总人口的 2/3。无论从面积还是人口看，欧亚大陆都是地球的核心之所在，人类文明也正是在这个核心逐渐展开的。从古希腊—罗马文明到古巴比伦文明，从印度文明到华夏文明，人类文明在欧亚大陆全面开花，推动人类由原始社会进入文明时代。历时几千年，欧亚大陆上的各种文明一直百花齐放、百家争鸣，各自引领着人类文明的多元发展。基督教、伊斯兰教、印度教和中国儒家各自创造了人类古代文明的辉煌。在公元1500年前后，随着欧洲航海家发现新大陆，人类文明史进入全球时代。欧洲殖民者将欧洲基督教文明传播到非洲、美洲、大洋洲和亚洲，欧洲文明逐渐取得称霸全球的优势。西班牙、葡萄牙、荷兰、法国、英国先后崛起，成为主导世界文明走向的决定性力量。不过随着1945年日不落帝国的没落，从殖民地获得新生的美国取代了欧洲，成为人类文明的新中心。

二、美国崛起与特朗普破坏现有世界体系

1620年是一个转折点，这一年的11月，载有35名清教徒的英国“五月花”号航船抵达北美，一个由清教徒建立的新国家逐渐孕育。150年后美国诞生，300年后美国取代英国，成为世界的新霸主。北美也因此取代欧亚大陆，成为人类文明的新高地。1945年后，在美国主导下，联合国（在纽约）、北约、世界银行（在华盛顿）、国际货币基金组织（在华盛顿）等国际组织纷纷建立，世界进入美国时代。政治上推行自由、民主，经济上倡导开放、自由贸易的市场经济，成为这个时代的主要特征。人类社会进入前所未有的繁荣时代。美、欧、日率先成为发达经济体，人类社会第一次完全摆脱赤贫的困扰。随后，亚洲四小龙、以色列、马来西亚、泰国、南非、中国、印度等国家和地区逐步加入全球市场，“你中有我，我中有你”的地球村经过六七十年的发展，逐渐变成现实。美国成为全人类的“梦想之地”。不过，随着特朗普总统上台，人类文明再次面临新的挑战。原来开放、自由的世界经济体系遭遇困境，“美国优先”和新贸易保护主义打破了人类经济原有的走向，贸易战之下，中国、欧盟、墨西哥、印度等国成为受害者，原来拆除篱笆的地球村有再次筑起篱笆的风险。

三、中欧携手推动人类文明新发展

与美国打压其他国家发展不同，面对世界政经局势的新发展、新变化，欧盟采取的是理性对话的态度。法国、德国等欧盟大国多次表示，

欧洲应该拥抱崛起的中国；对于被美国极力打压的华为，欧洲各大国也表达了支持华为在欧洲发展的态度。而对于中国在发展中存在的问题，欧盟则希望通过对话、谈判来解决。面对全球化，欧盟的态度是明确的，那就是坚持开放、自由的国际贸易体系，反对贸易保护主义。这显然是有利于人类社会融合、共赢发展的道路。在这方面，中欧站在同一阵营，双方的根本利益是一致的。印度、墨西哥等国家应该与中欧有相似的看法：人类经济发展的全球化是正确的选择。有着数千年文明史的欧洲更明白中国构建人类命运共同体的价值之所在，也更能够与中国携手，共同促进人类文明的新发展。把握人类文明发展的正确航向并不容易，作为欧亚大陆两端的文明代表，中欧或许能够在关键时刻站出来，做出符合全人类共同利益的决断。

第三节　文明互鉴与人类命运共同体建设

世界因为多彩而美丽。不同文明只有交流互鉴、取长补短、共同进步，才能为人类文明进步、世界和平发展提供强大动力。任何一种文明，不论产生于哪个国家、哪个民族的社会土壤之中，都是流动的、开放的。这是文明传播和发展的一条重要规律。文明交流互鉴，与人类历史发展相伴而生，与各个国家、民族的进步如影随形，为世界和平发展提供重要动力，是让世界变得更美好的必由之路。在人类浩瀚的历史长河中，各个民族所创造的不同文明各有千秋、各具姿容。正因为如此，人类文明的百花园才会姹紫嫣红、生机盎然。今天，世界上有 200 多个国家和地区、2500 多个民族、6000 多种语言，共同构成绚烂多彩的人类文明图谱。这多彩的文明图谱是怎样形成的？习近平主席指出“一个国家和民族的文明是一个国家和民族的集体记忆”，这就道出文明何以多彩的真谛。每一种文明都是在特定的自然环境、历史背景、民族传统中生长起来的，体现着独特的生产生活方式，代表着一方文化的沃土和绿洲，都是人类文明的重要组成部分。比如，亚洲的黄河和长江流域、印度河和恒河流域、幼发拉底河和底格里斯河流域，以及东南亚地区就孕育了众多古老文明，它们彼此相得益彰，使世界呈现出万千姿态。

一、文明没有高低优劣之分

习近平主席指出，“文明是平等的，人类文明因平等才有交流互鉴的前提”。“甘瓜抱苦蒂，美枣生荆棘。”世界上没有十全十美的事物，因为事物存在优点就把它看得完美无缺是不对的，因为事物存在缺点就把它看得一无是处也是不对的。同样，世界上既不存在十全十美的文明，也不存在一无是处的文明。每个国家、每个民族的文明都有自己的特色、长处和优点，都有其价值，都值得被尊重、珍惜。从代表古玛雅文明的奇琴伊察，到带有浓郁伊斯兰文明色彩的中亚古城撒马尔罕，习近平主席用自己的所见所历阐明，“要了解各种文明的真谛，必须秉持平等、谦虚的态度”。

人类社会每一种文明都彰显着思想之美、生活之美、创造之美，每一种文明都有其独特意蕴，都是人类的精神瑰宝。非要说一种文明比另一种文明优越，并不符合事实，不可能得到全世界人民的认可。无论是古代的中华文明、希腊文明、罗马文明、埃及文明、两河文明、印度文明等，还是现在的亚洲文明、非洲文明、欧洲文明、美洲文明、大洋洲文明等，都是历史长河中人类劳动与智慧的积淀，都在人类文明发展进程中发挥了不可替代的作用。人为地把文明划分为三六九等，搞唯我独尊、文明歧视那一套，只会制造矛盾与冲突，阻碍人类社会前进的步伐，最终也会伤及自己，导致自身封闭与孤立。习近平主席指出，傲慢和偏见是人类文明交流互鉴的最大障碍，如果居高临下地对待一种文明，不仅不能参透这种文明的奥妙，而且会与之格格不入。历史和现实一再启示我们，只有抛弃居高临下的优越感，打破文明隔膜的坚冰，秉承平等谦逊、虚怀若谷的态度对待各种文明，在相互尊重的基础上积极借鉴其他文明的优秀成果，一种文明才能不断获得发展与进步。今天，经济全球化把世界前所未有地紧密联系在一起，人类命运休戚与共，只有摒弃“你输我赢、赢者通吃”的零和思维，相互理解、相互尊重、平等相待，树立双赢、多赢、共赢的新理念，才能更好地推动不同文明共同发展进步，增进人类共同福祉。

二、以文明互鉴超越文明冲突

习近平主席指出，“文明是包容的，人类文明因包容才有交流互鉴的动力”。纵览习近平主席关于文明交流互鉴的一系列重要论述不难发现，“和而不同”“求同存异”“开放包容”“互学互鉴”是他反复强调的理念和主张。在《文明交流互鉴是推动人类文明进步和世界和平发展的重要动力》这篇文章中，他再次提醒人们：对待不同文明，我们需要比天空更宽阔的胸怀。在人类发生的无数次大大小小的战争中，宗教的纷争、族群的对立、文化的冲突挥之不去，有时甚至成为战乱绵延不绝的根源。特别是20世纪90年代以来，全球地区热点问题逐渐增多，恐怖主义活动频繁。西方有人甚至就此提出所谓的“文明冲突论”，认为文明的冲突将成为全球政治的主宰。

“文明冲突”真的不可避免吗？这个世界怎么了？我们应该怎么办？人们期待底蕴深厚的中华文明能够为解决这个时代之问提供深刻洞见。对此，习近平主席指出，人类社会进步的重要动力在于文明的包容互鉴，只要秉持包容精神，就不存在什么“文明冲突”，呼吁人类社会携起手来，建立文明和谐、和平发展的美好世界。这一主张超越了二元对立、零和博弈的陈旧思维，更具进步意义，深得人心。不同文明之间存在差异甚至矛盾并不可怕，关键是要正确认识、理性对待。所谓“文明冲突”之所以发生，一个重要原因就在于有些人把自己的东西视为普世价值，总想着强加于人、改造别人，这样必然会带来对立、对抗甚至灾难。近年来，一些国家冲突不断、民众流离失所，一个重要原因，就是被强行植入外来制度模式，结果造成严重的水土不服。这些惨痛教训再次说明，在不同文明相处的问题上，在道路选择、制度选择的问题上，生搬硬套、削足适履是十分有害的。正确的做法是，秉持开放包容精神，多沟通、多对话、多协商，以文明交流超越文明隔阂，以文明互鉴超越文明冲突，以文明共存超越文明优越。

三、以文明互鉴促进人类命运共同体建设

人类命运共同体以马克思主义共同体思想为基础，倡导命运共同体和世界和谐。马克思强调人的全面自由发展，认为在共产主义社会可以形成“自由人联合体”，即“真正的共同体”。人类命运共同体继承和发展了这一思想，找到人类由“抽象的共同体”或“虚幻的共同体”走向“真正的共同体”的逻辑路径。为此，构建人类命运共同体需坚持以马克思主义为指导，着眼当前科学技术突飞猛进的客观现实，依托经济全球化为实现路径，以人类前途与命运的休戚与共为目的，始终强调世界各国利益与安全相互交织的事实必须是生存与发展相互依存、不可分割。同时，人类命运共同体理念还汲取了中国传统文化的道义思想养分。孔子强调“君子义以为上”。墨子提出“义，利也”。孟子主张“生，亦我所欲也，义，亦我所欲也；二者不可得兼，舍生而取义者也”。正确的义利观是中华民族一以贯之的道德准则和行为规范，只有处理好义利关系，才能做到义利兼得。基于这种价值观，人类命运共同体理念体现了当前各国尤其是大国对外行为的道德规范。世界各国应认清“一荣俱荣，一损俱损”的连带效应，正确处理相互间的义利关系，在追求本国利益时应当兼顾别国利益，在寻求自身发展时兼顾别国发展。此外，各国不仅应该在竞争中求合作，在合作中谋共赢，加强相互理解、相互支持、相互帮助，而且应该共同反对霸权主义和强权政治，捍卫全球正义，维护世界和平。

构建人类命运共同体的行动政策，应以和平发展与合作共赢为政策导向。一方面，各国的对外政策必须以促进各国共同发展、构建休戚相关的命运共同体、维护世界和平与和谐为目标，这要求各国将和平发展作为对外政策的核心理念。和平犹如空气和阳光，受益而不觉，失之则难存。没有和平，发展就无从谈起。和平是世界人民的永恒期望，各国

无论大小、强弱、贫富，都应该做和平的维护者和促进者。发展是解决一切问题的基础和关键。维护各国稳定、应对全球治理问题和促进世界和平都离不开发展，为此就需要各国在促进本国经济社会发展的同时不妨害他国发展。另一方面，保持和平发展，要求各国的对外政策必须以促进相互尊重、平等合作、互利共赢为目标。在经济全球化时代，各国之间不仅利益相互交织，而且面临共同的威胁与任务，这要求各国加强合作，共同应对和解决问题，促进和平与发展。人类命运共同体的构建，事关各国人民的利益和命运，涉及方方面面的领域和问题，各国需要风雨同舟、众志成城、通力合作。面对共同挑战和威胁，各国在对外事务中并非零和博弈关系，而是共荣共损的休戚相关者，这要求各国在对外政策中要坚持互利共赢的理念。

第十四章 中国特色大国外交的理论与实践

党的十八大以来，以习近平同志为核心的党中央准确把握世界“百年未有之大变局”，不断发展和完善马克思主义国际关系理论，并在吸收中华五千多年古老文化精华的基础上，逐步形成新时代习近平外交思想，明确指出中国正“比以往任何时候都更加接近国际舞台中央”。习近平外交思想不仅具有马克思主义的哲学基础，更有中华文化博大精深的历史渊源，而人类命运共同体理论则是习近平外交思想的具体体现。习近平外交思想是习近平新时代中国特色社会主义思想的重要组成部分，是以习近平同志为核心的党中央治国理政思想在外交领域的重大理论成果，是新时代中国对外工作的根本遵循和行动指南。这一思想建立在对近百年来中国共产党外交理论与实践的历史延续与传承之上，体现了中国共产党外交理论与实践的红色历史基因。中华人民共和国成立后，中国共产党进行了波澜壮阔的外交实践活动，取得巨大的外交成就，提出一系列具有深远而广阔影响的外交理论和原则。和平共处五项原则、三个世界划分的理论、和平与发展时代主题等一系列重要外交理论和实践原则，为习近平外交思想的形成提供了实践基础。改革开放以来，中国共产党将和平与发展作为外交理论与实践的重要主题，统筹国内国际两个大局，牢牢把握服务民族复兴、促进人类进步这条主线，在外交领域取得许多历史性成就。习近平总书记在党的十九大报告中强调，世界正处于大发展、大变革、大调整时期，和平与发展仍然是时代主题。世界多极化、经济全球化、社会信息化、文化多样化深入发展，全球治理体系和国际秩序变革加速推进，各国相互联系和依存日益加深，国际力量对比更趋平衡，和平发展大势不可逆转。正因为时代主题没有变，所以习近平外交思想同改革开放以来外交理论和实践的历史过程与经验有着一脉相承的关系。中国革命、建设和改革时期外交理论与实践的历史经验是习近平外交思想的红色基因与重要来源。

第一节 中国特色大国外交思想的哲学基础

习近平外交思想贯穿着历史唯物主义和辩证唯物主义的立场、观点、方法，在实现中华民族伟大复兴的历史进程中把握大势，在错综复杂的矛盾冲突中厘清主次，在中国与世界的辩证关系中体现担当，形成目标明确、系统全面、重点清晰、路径明确的理论体系。

习近平外交思想坚持马克思主义实践本体论，将中国特色大国外交视为一种具有高度主体性和能动性的创造活动，超越西方国际关系中的大国兴衰循环论和大国对抗宿命论，强调在中国与世界的互联互通与良性互动中分析问题和解决问题；它坚持马克思主义唯物辩证法，从国际政治格局、世界经济发展、全球安全局势和人类文明交流碰撞等角度切入，深入分析世界转型过渡期国际形势的演变规律，准确把握历史交汇期我国外部环境的基本特征，既强调整体布局又突出重点，既多点开花又精准发力，发挥综合积极效应，从而更好地统筹谋划和推进对外工作。它不仅聚焦当前，也回顾过去，更展望未来，深刻洞察人类社会发展轨迹背后的大逻辑、大动力和大趋势，具有坚实的哲学基础。

习近平总书记指出，把握国际形势要树立正确的历史观、大局观、角色观。所谓正确历史观，就是不仅要看现在国际形势什么样，而且要端起历史望远镜回顾过去、总结历史规律，展望未来、把握历史前进大势。所谓正确大局观，就是不仅要看到现象和细节怎么样，而且要把握本质和全局，抓住主要矛盾和矛盾的主要方面，避免在林林总总、纷纭多变的国际乱象中迷失方向、舍本逐末。所谓正确角色观，就是不仅要冷静分析各种国际现象，而且要把自己摆进去，在我国同世界的关系中看问题，弄清楚在世界格局演变中我国的地位和作用，科学制定我国对外方针政策。这清晰地表明，习近平外交思想之所以是新时代中国特色大国外交的根本遵循和行动指南，关键在于它既提供了一种世界观，也提供了一种方法论。马克思指出："哲学家们只是用不同的方式解释世界，问题在于改变世界。"只有把习近平外交思想提高到哲学思维的角度来认识和把握，才能发挥这一思想的指导作用，不断开创对外工作新局面，也才能完成好中国特色大国外交服务民族复兴、促进人类进步的神圣使命。

第二节　中国特色大国外交思想的文化渊源

习近平外交思想不仅源自深厚的哲学理论，而且深深植根于博大精深的中华文化，准确地把马克思主义思想理论与中国的具体实践相结合，特别是其大部分来自中国传统经典或文学作品，有些来自中国常用的成语、谚语或格言，还有些是其个人基于传统文化的创新。这些引用既凸显了中华民族特有的价值观，是中国优秀传统文化智慧的结晶，也深刻体现了习近平外交思想的优秀传统文化内涵。也正是在深邃的哲学基础和博大的文化根基上，习近平总书记创造性地提出构建人类命运共同体的伟大构想。它既是中国当代外交政策和习近平外交思想的精髓，也是中国特色大国外交最鲜明的特征。通过结合以合作共赢为核心的国际观等理论，我们可以更加全面深刻地认识人类命运共同体理论体系。

一、传统文化是一个民族劳动、智慧的结晶，是维系一个民族生生不息的精神纽带

中国有五千多年源远流长的文明史，是世界古代文明中唯一没有中断且延续至今的。中国传统文化既以经典文献、文化物品等客体形式存

在和延续，又以民族思维方式、价值观念、行为规范、风俗习俗等主体形式流传并发挥影响。几千年连绵不断的独特文化造就了中华民族的精神追求，构建了中华民族的精神家园，在历史长河中起着教化民众、激励民心、凝聚民族的重要作用。习近平总书记高度重视中国传统文化的思想精华，将传统文化精髓视为中华民族的突出优势，并指出：“中国优秀传统文化的丰富哲学思想、人文精神、教化思想、道德理念等，也蕴藏着解决当代人类面临的难题的重要启示，可以为人们认识和改造世界提供有益启迪，可以为治国理政提供有益启示，也可以为道德建设提供有益启发。”弘扬中国传统文化精髓，发掘中国传统文化与当今时代的共鸣点，能够增强中国特色大国外交的历史底蕴，为当今世界的和平与发展奉献中国立场、中国智慧、中国价值。

二、中华民族的祖先创造了无与伦比的灿烂文化，“和”“合”正是其中精髓

习近平总书记将中华文化当中的“和合”思想运用到外交理念当中，积极推进我国外交工作的创新实践，谱写了中国特色大国外交新篇章。习近平外交思想引经据典，内容丰富。“凡益之道，与时偕行”，顺应和平、发展、合作、共赢的时代潮流，中国提出“一带一路”和“亚洲基础设施投资银行”倡议，这是习近平外交思想的创新发展。“一带一路”传承了古代丝绸之路精神，是对国际合作以及全球治理新模式的积极探索，将为世界和平发展增添新的正能量。“亚投行”与中国倡导构建更加公平合理的国际金融和经济秩序一脉相承，与中国致力于使自身发展有益于世界其他国家发展的国际关系新理念一脉相承。当今社会，有五大冲突危机是全人类共同面对的无法避免的课题：人与自然、人与社会、人与人、人的心灵及不同文明间的挑战。“人类向何处去”是有关人类命运的大问题。战争、动乱、零和博弈、丛林冷战思维，甚至霸权主义、单边主义正在不同程度威胁着人类。在这样的形势下，构建人类命运共同体理念体现了中国人着眼于维护人类长远利益的

远见卓识。中国向联合国提供了可以普及全人类的公共产品，联合国首次决议写入了构建人类命运共同体的理念。这是中国在联合国这个世界最重要的多边外交舞台上有效争得话语权的成功例证。既要求同存异，也要聚同化异，而“和合”文化正是其中的精髓。中国文化的“和合”意指多样性的统一。和合的核心在于“和”，中华文明本质上是一种“和”的文明，包含和平、包容、开明、开放等多重内容。和合性要求既肯定和接受事物的多样性，又包容和接纳事物的差异性，并将不同的事物融合到一个和合体中，这就是“和而不同”。和合性要求找准事物之间的同，以“容”的胸襟最大限度地减少或化解异（分歧或矛盾），从而使双方实现和谐发展。求同存异一直是中国在处理与其他国家关系时的立场和主张。

三、中国传统文化具有强大的生命力和延续力

中国特色大国外交的文化内核是中国传统文化的精髓。面对当今世界发展的困局和现代文明深层次的精神危机，中国外交积极推动中国优秀文化的创造性转化、创新性发展，让传统文化的影响力、凝聚力、感召力在中国对外政策和对外关系中更加充分地展示出来，从而为完善全球治理、应对各种全球性挑战提供更多有益的公共产品。中国传统文化将个人的品德修养看作实现理想社会的基础，对伦理道德的重视将个人与家庭、社会的利益融为一体，极大增强了民族、国家的凝聚力和文化的延续性。在个人层面，传统文化提供了一整套指导人们提高自我修养的方法，从而实现与他人、自然、世界的和谐相处。在国家层面，传统文化将道义、公平、正义、文明等价值观作为规范国家行为的标准，提倡“以德化人”的王道，反对“以力服人”的霸道。中国历代王朝与邻国的外交实践，大多以仁义宽宏推行怀柔政策，兼收并蓄、慎战避战。中华人民共和国成立后，传统伦理道德思想仍然从深层次影响着中国的国际观念和行为模式，是中国外交政策的重要渊源。中国政府在国际事务中，始终坚持以中国人民和世界人民的根本利益作为判断是非曲

直的标准，绝不做损人利己、以邻为壑的事情，塑造了中国在国际关系中重感情、讲正义、守诚信的伦理道德形象。

第三节 积极践行人类命运共同体理念

作为习近平外交思想的具体体现，人类命运共同体理论以相互依赖、利益交融、休戚相关为依据，以和平发展与合作共赢为支柱，创造性地提出一系列新的重大理论观点和战略思想，并将“一带一路”倡议作为建设人类命运共同体的伟大实践，其先进性体现在对传统国际关系的扬弃和超越，是中国对21世纪国际关系理论的又一重大贡献。它是实现中国梦和追逐世界梦的重要指导方针，是积极开展中国特色大国外交必须坚持和贯彻的重大战略思想。在这其中，如果用一个理论体系来集中反映党的十八大以来习近平总书记的外交思想，就应该是人类命运共同体理论，也可表述为“举国际共赢主义之旗，走命运共同体建设之路”。这既是中国当代外交政策和习近平外交思想的精髓，也是中国特色大国外交最鲜明的特征。关于人类命运共同体理论在习近平外交思想中的地位，我们可以结合中华人民共和国成立以来历代领导人的外交思想做个纵向比较，或许有助于加深对问题的认识。以毛泽东关于三个世界划分的理论、邓小平关于和平与发展的理论、江泽民关于建立公正合理的国际政治经济新秩序的理论、胡锦涛关于建设和谐世界的理论为例，其共同点是高瞻远瞩、高屋建瓴，把握住了时代潮流，顺应了天下大势，反映了一定历史阶段中国的世界观与国际关系基本理念，也蕴含着中国的外交战略与政策。

中国“和”文化贯穿中国外交理论和实践，成为中国外交的重要源泉和宝贵财富。从倡导和平共处五项原则到主张国际关系民主化，从坚定不移走和平发展道路到建设和谐世界理念，都是对传统“和”文化的继承和发展。和而不同的理念已经融入中国的外交政策，奠定了中国独立自主和平外交政策的基石。习近平总书记非常重视运用中国传统

"和"文化，善于将和而不同的理念注入中国的对外政策和策略中，向世界各国推广中国传统价值观的世界意义，用"和"文化打造中国的国际形象。"只有不断发掘和利用人类创造的一切优秀思想文化和丰富知识，我们才能更好地认识世界、认识社会、认识自己，才能更好地开创人类社会的未来。"

党的十八大以来，习近平主席亲力亲为，密集开展元首外交，在一系列重要的演讲和讲话中将中国传统道德伦理与当前国际关系发展结合起来，展现出高度的文化自信和深邃的哲学内涵。习近平主席指出："人与人交往在于言而有信，国与国相处讲究诚信为本。""'国不以利为利，以义为利也。'在国际合作中，我们要注重利，更要注重义。""大国之间相处，要不冲突、不对抗、相互尊重、合作共赢。大国与小国相处，要平等相待，践行正确义利观，义利相兼，义重于利。"上述阐释极大增进了国际社会对中国传统伦理道德思想的了解，展现出中国领导人为人民谋福、为国家负责、为世界担当的博大情怀，将正确义利观确立为中国特色大国外交的价值取向。同时，中国传统伦理道德思想经过现代性的发展，焕发出新的时代意义，符合当今国际社会追求公平、正义、平等、秩序的潮流，成为全人类共同价值的渊源。

第四节　中国特色大国外交理论渐成体系

党的十八大以来，面对纷繁复杂的国际形势，在以习近平同志为核心的党中央坚强领导下，全面推进中国特色大国外交，形成全方位、多层次、立体化的外交布局，成功驾驭和形成为中国发展营造良好外部条件的国际环境，极大地提升了中国的国际影响力、感召力、塑造力，也为世界和平与发展做出重大贡献。在领导中国外交的宏大实践中，习近平总书记全面深入地阐述了中国梦的内涵及其世界意义，统筹国内国际两个大局、统筹发展安全两件大事的思想，以合作共赢为核心的新型国际关系理念；深化了对和平共处五项原则、和平发展时代主题和国际政治民主化的论述；针对当前经济全球化遭遇的困境，深刻阐释了创新驱动、开放共赢、公平包容、平衡、普惠为要旨的应对之道；深入阐述了正确的国际义利观，共同、综合、合作、可持续的新安全观，公平、开放、全面、创新的发展观，倡导共商共建共享的全球治理观等系列重要观点；提出"亲诚惠容"周边外交理念、构建全球伙伴关系网络的主张；提出建设"一带一路"的重大倡议；提出建设人类命运共同体的倡议等一系列重要外交思想成果，从而形成习近平新时代中国特色大国外交思想。

一、合作共赢为核心的新型国际关系理念逐渐形成

中国的世界秩序观以坚持联合国宪章宗旨和原则为立足点，以维护国际秩序总体稳定和可持续发展为出发点，以推动新型国际关系为着力点。联合国体制是二战后国际秩序的基石，对维护世界和平与稳定起到重要作用。联合国宪章的宗旨和原则在当今世界具有更加重要的意义。增强联合国的权威，维护联合国体系的制度，也就是维护世界基本秩序的总体稳定和可持续发展。中国对现行国际制度不谋求另起炉灶，主张对不能有效维护秩序的制度和机制进行合理的改革、完善和补充。中国外交着力于推动建立合作共赢的新型国际关系，推进国际关系民主化进程，支持以多边主义为基本的秩序运行机制，强调改变霸权和强权政治等传统国际政治中不合理的成分，主张不同文化和价值的多元融合、互学互鉴。

二、深化了对和平发展时代主题的论述

习近平总书记指出，认识世界大势"要树立世界眼光、把握时代脉搏，要把当今世界的风云变幻看准、看清、看透，从林林总总的表象中发现本质，尤其要认清长远趋势"。回顾党的十八大以来，习近平总书记同志在各个场合对世界发展大势和国际格局演变趋势的深刻分析可以看出，我们党充分估计了国际格局发展演变的复杂性，更看到世界多极

化向前推进的态势不会改变；充分估计了世界经济调整的曲折性，更看到经济全球化进程不会改变；充分估计了国际矛盾和斗争的尖锐性，更看到和平与发展的时代主题不会改变；充分估计了国际秩序之争的长期性，更看到国际体系变革方向不会改变；充分估计了我国周边环境中的不确定性，更看到亚太地区总体繁荣稳定的态势不会改变。这些科学论断闪耀着历史唯物主义和辩证唯物主义的时代光芒，为我国在国际乱象中认清形势、在世界变局中把握方向提供了准星和依据。放眼世界，从利益分野来说，世界变得越来越“小”，已是一个“利益共同体”“命运共同体”。大国之间越来越通过利益融合而非发动战争来形成“利益制衡”，冲突的代价越来越高。从力量对比来说，以中国为代表的一大批发展中国家和新兴市场国家走上发展快车道，形成一种集体崛起，对全球化、多极化、信息化进程产生前所未有的影响，国际格局为之转变。从大航海时代大西洋文明对东方文明产生冲击并主导全球化讲，当前我们处于“百年未有之大变局”，大西洋文明主导国际关系的局面正在发生扭转。这种世界格局大趋势的转变，在人类历史上还第一次不是通过大规模战争实现的。这总体上是以和平与发展为主题的时代进步的结果，并反过来更加突出和平与发展的时代主题。

三、准确阐述国际义利观和可持续的新安全观

近年来，伴随世界经济增长的持续低迷和世界格局的深度调整，西方国家从全球化的主要推手变成全球化的反对者，“逆全球化”和保护主义倾向抬头，全球化进入相对低谷期。“逆全球化”思潮是西方资本逻辑的必然产物，它的出现昭示传统“英式全球化”和“美式全球化”全球治理模式的难以为继，宣告新型全球化时代的到来。十九大报告提出要坚持正确义利观，树立共同、综合、合作、可持续的新安全观，谋求开放创新、包容互惠的发展前景，为中国在新时期应对“逆全球化”思潮、引领新型全球化指明了方向。习近平总书记指出，应对“逆全球化”思潮，首先要树立正确义利观基础上的国家利益观。正确义利观认

为义即是利，利即是义，二者是一个硬币的两面，义中有利、利融于义，主张义利兼顾才能义利兼得，义利平衡才能义利共赢。坚持正确义利观基础上的国家利益观要摒弃义利对立的二元思维，反对“利益至上”、唯利是图，主张国家之间的互利和共利，谋求各国的共同发展和各国人民的共同幸福。中国的国家利益观是以捍卫主权、安全、发展三大国家核心利益为重心的三位一体综合安全思想。中国提出主权、安全、发展为国家核心利益，申明中国捍卫国家核心利益的坚定决心。中国国家利益观的形态以政治安全为前提，保障主权、安全、发展的整体安全。维护中国的基本制度和政治大局稳定、维护国家主权和领土完整、维护经济的持续稳定和发展，是国家核心利益不可分割的三个组成部分。这三个部分共同构成国家利益观的基本内容，充分表现了中国大国外交中国家利益内涵的鲜明特色。

四、提出“亲诚惠容”周边外交理念

虽然中国与周边各国不论是在政治制度、经济发展模式、历史文化传统还是意识形态等多个方面都存在较多的不同和差异性，但是求和平、促发展的方向是相同的，所以我们坚持以文明交流超越文明隔阂、文明互鉴超越文明冲突、文明共存超越文明优越，在同周边国家的关系发展中努力扩大同各国的利益交汇点，在“亲诚惠容”原则的指导下积极建构与周边国家的伙伴关系网。目前，中国与俄罗斯、中亚各国、巴基斯坦、韩国、越南、泰国、缅甸、新加坡等多个周边邻国以及东盟、南盟等地区组织都建立了不同程度的伙伴关系，为中国的周边外交编织了一张和谐、和睦与和平的伙伴关系网。伙伴关系强调合作与非对抗，彼此都有合作的意愿且愿意借助对话协商解决共同关心的议题，最终达成相关共识。伙伴关系是中国对国际关系的一大贡献，也是中国在处理周边关系过程中所遵循的一个重要思路。不难发现，当前的中国已经形成“遍布全球的伙伴关系网络”，伙伴关系已经成为中国发展对外关系的一种常态模式。伙伴关系网络将中国与大国、周边国家、发展中

国家以及多边合作等不同领域的外交实践实现了有机整合，统筹谋划，有序推进。中国始终坚持国家不分大小、强弱和贫富都是国际社会的平等成员，在与周边国家关系的发展中更是将各国视作“亲戚”，坚持与邻为善，以邻为伴，积极贯彻“亲诚惠容”的交往原则。但是，伙伴关系并非没有矛盾，即使是最高层次的战略合作伙伴之间也可能存在不同的战略认知甚至在某些议题方面存在较大分歧，但是关键在于要坚持对话与协商的基本精神，在于处理与周边国家的伙伴关系时应遵循“亲诚惠容”原则。伙伴关系的发展也需要中国特色大国外交树立充分的外交自信，一方面抓住机遇不断推动伙伴关系的发展，另一方面要提升“化危为机、转危为安”的能力，最终使得伙伴关系成为周边外交朋友圈的黏合剂。

五、首次提出构建人类命运共同体的倡议

马克思说，“任何真正的哲学都是自己时代精神的精华”。人类命运共同体思想的提出，是一种世界观、一种价值观的体现。构建人类命运共同体已成为中国外交的一面旗帜。综观当今世界，人类共同的价值体系、思想体系似乎出现缺损甚至缺失。人们发现，那些曾引导人类文明前行、符合历史发展规律的思想资源成了稀缺品；面对人类社会更加丰富多彩的多元文化和多元生活方式、各国人民日益增长的对美好生活的需求，赖以凝聚人类共识和引导人类共同行动的世界观、价值观缺失；就在人类共同面临的全球性问题此消彼长、层出不穷之际，西方大国的全球领导力显著下降，提供公共产品的意愿低落，造福于世界的新型公共产品供给明显不足。恰在此时，中国共产党和中国政府，超越不同历史文化、国家制度、意识形态的隔膜与局限，力图寻求人类文明最大公约数和利益交汇点，以满足各国人民对美好生活的需要为宗旨，提出构建人类命运共同体的倡导，促进全球治理体系变革，以解决国际社会多年累积的政治、安全、发展、文明和生态领域发展不平衡、不充分的问题。人类命运共同体理念正在成为推动人类文明发展与世界和平与

繁荣的价值引领。

中国的国际责任观以公平、平等、正义为基础，以合作共赢为原则，以关切发展中国家利益为重点，以建立人类命运共同体为目标。中国坚持不冲突、不对抗、相互尊重、合作共赢的新型大国关系准则，坚定支持发展中国家正当诉求和合理利益，以正确义利观为指导方针，对周边国家提出“亲诚惠容”、对非洲国家提出“真实亲诚”的关系原则。“一带一路”、亚洲基础设施投资银行等中国倡议，表现了中国向国际社会提供公共产品的大国意识，也展示了对发展中国家基础设施和经济发展的特别关注。当今世界遭遇民粹主义、贸易保护主义乃至种族主义严峻挑战，中国以负责任大国的身份，坚定不移地支持开放的世界经济体系，积极参与全球治理，努力打造利益共同体、安全共同体、责任共同体和人类命运共同体。大国外交既立足本国，也放眼世界。中国实施大国外交，根本一点就是不仅以中国观世界，也以世界观中国、以世界观世界，并在这种积极互动中展示具有鲜明中国特色的大国外交理念和外交实践。

第十五章　中国特色国际政治理论的构建

国际政治学是多学科的研究，要借鉴、吸收别的学科的知识和方法，更是一种跨学科的探索。国际政治理论作为一门学问，其形成的历史并不长。在西方，如果从 1919 年英国威尔士大学设立世界上第一个国际政治讲座算起，国际政治学也仅有一百年历史。由于众所周知的原因，严格意义上的国际政治研究只是近几十年出现的，不要说同传统的学科（如所谓“文、史、哲”等领域）相比其完整性相差甚远，就是与 20 世纪初陆续引进的其他西方学问相比也显得单薄。作为一个知识门类，国际政治学的不成熟是有目共睹的。尽管国际政治研究已有几十年的历史，但国际政治理论的对象似乎仍没有被说清楚和取得共识。细究起来，不外乎以下几种主要看法，当然它们的区分并不是绝对的，但重心的不同却是明显的。

第一节　中国国际政治理论的基础

国际政治研究的目标是政府的对外方针及各种战略策略，是各国外交的合纵连横之术。它基于下述认识之上：国际关系实际上是（或者主要是）国家间关系，民族国家是国际社会的主要成员，非国家行为体是次要的和从属性的；因此，不论全球化过程如何发展，不论所谓“经济的相互依赖关系”怎样加深，民族以国家为基本代表的事实不会改变，国家是国际舞台上最重要行为体的事实不会改变，国家利益始终是各国追求的主要目标的事实不会改变，这一切构成国际政治斗争，也成为国际政治研究的主要内容。这当然不仅是外交部的官员或政府特别支持的一种见解，在学术界和普通老百姓中也有比较广泛的认同基础。在中国，“外交无小事”的说法得到广泛宣传，国外各种社会组织——如生态环境保护运动、女权组织、新社会运动等——传入的影响有限，国内大众传媒对世界事务的报道主要着眼于国家间关系尤其是政府间关系，因此人们很自然会把国际政治与外交斗争画上等号。在大学和研究所里，讲授或分析国际政治时，外交事务占有最大的分量。

一、国际政治就是外交斗争

在欧美国际政治学界，也有相当多的人持类似看法。例如，在近代国际关系理论和实践的发源地——中世纪后期的欧洲，有外交头脑和治国方略的思想家和战略家大多认为国际政治和国家政治应当以政府的对外决策和对内治理为对象。从马基雅维利到但丁直至法国的一批“新潮”的政论家、法学家、高级僧侣和神学改革家，均提出过此类见解。当代美国一位学者的归纳是：“全部国际关系可以描绘成显赫人物或者由他们构成的集团的外交决策过程。通过聚焦决策过程，（国际政治研究）才有可能为国家设计出更加有智谋的对外政策。”一本流传于20世纪80年代美国的国际政治教科书介绍说：“某些作者认为，对外政策研究和国际关系研究是同义词，或者说不应当在二者差别问题上大做文章。即使他们没有把本国的对外政策同国际关系等同起来，他们仍认为国际关系领域等于（从理论上说）国家对外政策的总和，或者等于对他们有利害关系的那些国家的对外政策的总和。”

“国际政治等同于外交斗争或者至少以后者为主要内容”，可能是影响力最大的一种看法，也绝对是应用面最广的一种见解。从外国情况看，国家对外战略研究——如国际博弈分析、国际危机分析、国际冲突和国际干涉分析、核战略、“遏制”战略或“接触”战略等——被政府、国会和多国公司等“重要决策机构”视为人文和社会科学领域的学者所能提供的重要贡献之一。从中国的情况看，近年来被研究得最多的国际课题多与国家的对外政策有关：邓小平外交思想研究；苏联解体的原因和后果分析；和平共处五项原则探讨；国际范围“主要矛盾”问题；亚太地区安全与合作问题；冷战结束后的国际干预问题和联合国问题；另外还有两个间接与国家的对外战略有关，即国际冲突分析和民族主义分析。全球化问题、国际研究的方法论及对国外理论思潮、流派人物的介绍评述等三个课题只占很小的比重。必须承认，以往学术界对这一角度的优点谈得较多，但很少有人会注意到它带来的问题。

二、国际政治是国内政治的延伸

国际政治学是从政治学派生出来的，是后者的子系或放大。按照这种见解，政治学与国际政治学是“母子关系”：政治学是国际政治学分析的基础，是后者之理论和概念的基本来源。这种见解基于一个逻辑的推理：政治学是纯粹理论，它在不同层面、不同领域的运用就形成政治学的各种分支：政治学应用到心理分析中，便有了政治心理学；应用到地理问题上，便有了地缘政治学；应用到经济现象中，便有了政治经济学；应用到国际关系领域，便有了国际政治学。政治是什么呢？经典的解释是：政治是权力，或者说权力关系，政治学是有关权力或权力关系的学问，权力则是人对人以各种形式的控制和支配。这种解释似乎特别适用于国际政治领域，这是因为：第一，国家及政府是政治学的典型分析对象，而国家又是国际关系中最引人注目和最重要的行为体；第二，权力（当它与国际关系相联系时常被译成“实力”或“力量”）是国家间斗争的关键目标，所以摩根索称国家间政治是“争夺权力与财富的斗争”；第三，国务活动家通常被称为“政治家”，很少听到地方或企业领导者被赋予同样的称谓。

对此，中外学术界多有认同。在中国，各大学国际政治系把“政治学原理”“政治学说史”等作为最重要的专业基础课程，中国社会科学院相关研究所的国际政治研究室在吸收新的研究人员时，多半是从大学政治系和国际政治系（而不是经济系或国际经济系）招募。在典型的美国大学里，国际政治专业一般设在政治系或政府系，国际政治学协会与政治学协会的会员经常是兼任的，有的著名国际政治学者担任过政治学协会的主席或被认为是政治学领域某个学派的代表，两个专业之间，从人员到思想都保持着非常密切的联系与交往。从理论上讲，很多中外人士都强调，国际政治说到底就是用权威方式或者运用实力基础分配国际地位、价值和资源的过程。

从国际政治学的著述中不难发现，研究者们使用的语言，很多与政治学有着明显的血缘关系，它们要么直接来自政治理论，要么由此派生而来，如决策过程，博弈理论，权力及其均衡，秩序和等级，冲突、战争与威慑，地缘政治，国际组织，谈判和裁军，正义与非正义战争，解放斗争和独立运动，恐怖主义与国际制裁，联盟与庇护，国际法与国际社会，意识形态和国际宣传，国际道德，国际革命，国际暴力，国际民主，国际和平与国际侵略等。把国际政治学作为政治学分支观点的盛行，与以权力政治为核心的现实主义学派在欧美国际政治学界长期占主导地位有关。不过，近些年来，两个相互关联的因素对“政治学派”的支配地位造成一定动摇：其一，随着苏联的解体和两极格局的结束，对以固守两极、提倡势力均衡和自助哲学为核心的现实主义理论的怀疑大大增加，前述定义相应受到抨击；其二，随着国际事务中所谓“全球化”和“碎片化”过程的加强，国际研究的范围明显超出传统的权力政治学所及，主张扩大分析领域的声音或重新思考研究对象的立场，受到越来越多的重视。在中国学术界，尽管程度不如西方，类似的现象及批评也显著增多；国际政治经济学的新近崛起，以及由亨廷顿的论文引起的“文明与国际关系”持久不衰的争论，均为明证。

三、国际政治研究的对象是历史

确切地说，国家间关系史是近代民族生成以来的各种重大记录、文献、历史人物演讲或传记，是反映在不同单元（个人、集团、政府、组织等）那里的、被记录下来的国际活动和交往——如战争、革命、联盟、外交斗争。按照这种见解，所谓“国际研究”并不是像政治学、经济学、心理学和社会学那样的独立学科，它并没有自身的概念体系，而是对国际范围业已发生的各种事实的精确和有选择的记载。当然，这并不等于说国际政治研究只是一种历史大事记，它应当有自己的逻辑和规律，有筛选史料的网络与方法，有独到的启示及教训。

在中国，到目前为止，最好的国际政治分析家均出自史学家或对中外历史有深刻了解的思想家。例如，陈乐民先生对“欧洲观念”之历史哲学的总结，对苏联东欧解体之教训的讨论，对英、法政治哲学思想渊源的分梳和对欧洲文明扩张进程的探测，以及对中外近当代发展进程和中外近代思想的比较，无论在思想的深度或是知识面的广度上都首屈一指。李慎之先生关于“全球化”命题及它对中国文化的历史性冲击的多篇杰出论文，不仅开启了中国学术界对全球化现象的争论之门，而且引发一系列相关思索（如民族主义在当代的世界性复苏、中国文化发展的连续性与非连续性、东西文化的异同等现象的讨论）。他们都以历史分析见长，特别强调史学意义上的“国学”和“西学”的价值，也十分反对某些貌似时髦的“新学”的非历史态度。他们对当代国际政治现象的深刻分析，主要不是来自学科方法论或各种工具性的理论，而是源于历史知识的渊博和哲学智慧的启迪，历史对他们而言无疑是国际研究的第一要素。

第二节　中国外交思想为中国国际政治理论奠定了基础

习近平新时代中国特色社会主义外交思想立足基本国情和时代特征，植根中华优秀传统文化，继承对外工作优良传统，指引中国外交走出一条有中国特色的大国外交新路，体现了中国外交的理论演进、创新方向、路径选择、策略运用，彰显了中国外交的价值取向和精神追求，具有非常鲜明的中国特色、中国风格、中国气派。当前，我国仍处于并将长期处于社会主义初级阶段的基本国情没有变，我国是世界最大发展中国家的国际地位没有变，发展仍然是党执政兴国的第一要务，是解决我国所有问题的关键和基础。外交必须紧紧围绕发展这个中心展开，服务发展、促进发展，帮助解决各种不利于发展的问题，为维护中国的发展利益提供有力保障。

中国是尚未实现完全统一的大国，周边环境非常复杂。推进国家和平统一进程，完成国家统一大业，是实现中华民族伟大复兴的必然要求。外交必须坚持以国家核心利益为底线维护国家主权、安全、发展利益，坚决维护国家主权和领土完整，绝不容忍国家分裂的历史悲剧重演，坚决挫败任何形式的“台独”分裂图谋。习近平总书记在党的十九大报告中指出：“中国无论发展到什么程度，永远不称霸，永远不搞扩张。”中国始终尊重各国人民自主选择发展道路的权利，维护国际公平正义，反对把自己的意志强加于人，反对干涉别国内政，反对以强凌弱。中华传统文化讲求天人合一、人与自然和谐共生；推崇“以和为贵”“和而不同”“协和万邦”“四海一家”等思想；强调居安思危，增强忧患意识。习近平新时代中国特色社会主义外交思想从中华优秀传统文化中汲取有益理念，在处理国家间关系、应对全球挑战的过程中彰显智慧与力量。

一、为实现中华民族伟大复兴创造良好外部条件

习近平新时代中国特色社会主义外交思想牢牢抓住新时代坚持和发展中国特色社会主义的新要求，牢牢把握服务民族复兴、促进人类进步这条主线，立足中国特色社会主义进入新时代这个新的历史方位和世界演进大势的新变化新特点，为全面建成小康社会，进而全面建设社会主义现代化强国创造有利条件。

当前，中国正处于近代以来最好的发展时期。经过长期努力尤其是改革开放 40 年来的发展，党的面貌、国家的面貌、人民的面貌、军队

的面貌、中华民族的面貌发生了前所未有的变化，国家综合实力大幅提升，国际地位和影响力显著增强，比历史上任何时期都更接近、更有信心、更有能力实现“两个一百年”奋斗目标和中华民族伟大复兴中国梦。当今世界正处于百年未有之大变局。经过冷战结束近30年尤其是21世纪以来近20年的演化，人类社会正处在一个大发展、大变革、大调整时代，新情况、新机遇、新挑战、新威胁层出不穷。中国快速发展与世界急剧变化同步交织、相互激荡。

以马克思主义历史观深入分析当今国际形势演变，我们可以看到：世界多极化加速推进的大势没有改变，但大国关系深入调整的态势越发明显；经济全球化持续发展的大势没有改变，但世界经济格局深刻演变的动向越发明显；国际环境总体稳定的大势没有改变，但国际安全挑战错综复杂的局面越发明显；各种文明交流互鉴的大势没有改变，但不同思想文化相互激荡的现实越发明显。以正确的大局观和角色观准确把握历史交汇期中国外部环境的基本特征，抓住本质和全局，廓清主要矛盾和矛盾的主要方面，把自己摆进去、在我国同世界的关系中看问题，可以明确：我国仍然处于可以大有作为的重要战略机遇期和历史机遇期，但也面临诸多矛盾叠加、风险隐患增多的严峻挑战；而且越是接近实现中华民族伟大复兴的目标，面临的新情况、新问题、新挑战就会越多。

在此背景下，我们要以习近平新时代中国特色社会主义外交思想为引领，切实增强战略自信，保持战略定力，统筹国内国际两个大局，创新外交理论和实践，强调底线思维和风险意识，完善战略布局，创新战略实践，开拓战略新局，在更高层次上营造总体平衡稳定、更加主动有利的国际战略态势，为实现“两个一百年”奋斗目标，实现中华民族伟大复兴中国梦创造良好的外部条件。

二、深化和丰富和平发展战略思想

走和平发展道路，是中国特色社会主义制度、历史文化传统、国情、时代潮流和国家根本利益所决定的，是中华人民共和国成立特别是改革开放40多年来中国共产党经过艰辛探索和不断实践逐步形成的。中国的发展立足于自身，坚持从中国大地上探寻适合自己的发展道路和解决问题的办法；同时致力于促进开放的发展、合作的发展、共赢的发展，不断让广大人民群众享受到和平发展带来的利益，使坚持走和平发展道路的物质基础和社会基础变得越来越坚实。中国的发展绝不以牺牲别国利益为代价，绝不做损人利己、以邻为壑的事情。习近平总书记对和平发展战略思想的深化和丰富，可从以下两个方面理解：

1. 坚持走和平发展道路同坚决捍卫国家核心利益内在统一起来

中国不觊觎他国权益，不嫉妒他国发展，但也决不放弃自己的正当权益。中国人民不信邪也不怕邪，不惹事也不怕事，任何外国不要指望我们会拿自己的核心利益做交易，不要指望我们会吞下损害中国主权、安全、发展利益的苦果。中国决不把走和平发展道路与维护国家利益割裂开来；在坚持走和平发展道路的同时，决不牺牲国家核心利益；只有有效捍卫国家核心利益，才能更加从容自信地坚持走和平发展道路。

2. 把中国坚持走和平发展道路同积极倡导和推动世界各国共同走和平发展道路内在统一起来

中国的和平发展道路要走通走顺，需要世界其他国家也走和平发展道路；需要把世界的机遇转化为中国的机遇，把中国的机遇转变为世界的机遇；需要争取和平国际环境发展中国，又以中国发展维护和促进世界和平。中国坚定不移做和平发展的实践者、共同发展的推动者，同时呼吁、带动和力推其他国家并肩而行、相向而行。只有各国都摒弃冷战思维与零和博弈，反对霸权主义和强权政治，都走和平发展道路，才能和平相处、共同发展。

习近平新时代中国特色社会主义外交思想向世界阐明了中国坚持走和平发展道路的决心和坚决维护国家主权、安全、发展利益的意志；把中国坚持走和平发展道路同世界和平发展合作的潮流大势联系贯通起来，把中国坚持走和平发展道路提升到促进人类和平与发展的崇高事业的全新高度；从更高的思想水平上阐明了中国外交根本取向的坚定性、高度的理论自觉性和战略自觉性。

三、推动建设新型国际关系，构建人类命运共同体

习近平新时代中国特色社会主义外交思想更加注重顺应经济全球化时代各国相互依存和利益共生不断深化的发展大势，提出要推动建设相互尊重、公平正义、合作共赢的新型国际关系，构建人类命运共同体，为世界提供了中国智慧与中国方案。

推动构建新型国际关系，就要坚定不移在和平共处五项原则基础上发展同各国的友好合作，坚持以深化外交布局为依托打造更加完善的全球伙伴关系网络，扩大同各国的利益交汇点，求同存异、聚同化异，促进中国同世界融合发展、共同繁荣。为此，要运筹好大国关系，推进大国协调与合作，推动构建总体稳定、均衡发展的大国关系框架。把周边放到发展大局和外交全局极其重要的位置，按照“亲诚惠容”理念和与邻为善、以邻为伴周边外交方针，更加奋发有为，深化同周边国家关系，推动周边环境变得更加友好、更加有利。坚持正确义利观和“真实亲诚”理念，以中非、中阿、中拉三大论坛为支撑，与广大发展中国家团结合作，推动形成携手共进、共同发展新局面。以世界和平建设者、全球发展贡献者、国际秩序维护者的角色定位，坚持以公平正义为理念，积极发挥负责任大国作用，推动全球治理体系朝着更加公正合理的方向发展。深入推动中国同世界广泛交流、互学互鉴，加强同各国政党和政治组织的交流合作，推进人大、政协、军队、地方、人民团体等的对外交往。

推动构建人类命运共同体，就要坚持以维护世界和平、促进共同发展为宗旨，建设持久和平、普遍安全、共同繁荣、开放包容、清洁美丽的世界。政治上，以和平、发展、公平、正义、民主、自由的全人类的共同价值为基础，坚持国际关系民主化和法治化，相互尊重、平等协商，坚决摒弃冷战思维和强权政治，走对话而不对抗、结伴而不结盟的国与国交往新路。安全上，倡导共同、综合、合作、可持续的新安全观，坚持以对话解决争端、以协商化解分歧，统筹应对传统和非传统安

全威胁，反对一切形式的恐怖主义，推动各国走出一条共建、共享、共赢的安全新路。经济上，坚定不移做多边贸易体制的维护者、全球经济治理的参与者，促进贸易和投资自由化便利化，推动经济全球化朝着更加开放、包容、普惠、平衡、共赢的方向发展。文化上，尊重世界文明的多样性，弘扬平等、互鉴、对话、包容的文明观，以文明交流超越文明隔阂、文明互鉴超越文明冲突、文明共存超越文明优越，使文明交流互鉴成为增进各国人民友谊的桥梁、推动人类社会进步的动力、维护世界和平的纽带。生态上，以人与自然和谐相处为目标，推动构筑尊崇自然、绿色发展的生态体系，合作应对气候变化，保护好人类赖以生存的地球家园，实现世界的可持续发展和人的全面发展。

第三节　全球治理的中国方案体现了中国智慧

党的十九大报告指出，中国将继续发挥负责任大国作用，积极参与全球治理体系改革和建设，不断贡献中国智慧和中国力量。党的十八大以来，在联合国等国际组织和多边机制框架内，中国在全球治理、国际秩序、国际安全合作、热点问题解决等方面提出一系列新主张、新方案，在机制创新、规则制定、议程设置、规划实施等方面做出重要贡献，展现了中国智慧的深邃与博大，体现了中国方案对于世界和平、发展与稳定的积极推动作用。

一、全球治理的中国方案具有很强的启发性和针对性

近年来，世界经济增长乏力，国际局势动荡不安。面对国际社会和平赤字、发展赤字、治理赤字的严峻挑战，中国以推动人类共同发展为己任，提出一系列解决全球问题的中国方案。习近平总书记强调坚定不移推进经济全球化，引导好经济全球化走向，提出打造富有活力的增长模式、开放共赢的合作模式、公正合理的治理模式、平衡普惠的发展模

式，为全球经济化解矛盾、走出困境指明了方向。在瑞士达沃斯论坛、亚太经合组织利马会议、二十国集团杭州峰会等国际场合，习近平主席直面“逆全球化”、保护主义、区域合作碎片化等重大问题，倡导平等、开放、合作、共享的全球经济治理观，开出标本兼治、综合施策的药方，为推动世界经济强劲、可持续、平衡、包容增长做出重要贡献。

中国提出的全球治理方案力图打破国际社会发展桎梏，开辟出一条解决国际问题的新路径。中国提出的“一带一路”倡议，秉持共商、共建、共享原则，深化互利共赢格局，为全球经济治理提供新思路、新方案。它不是一事一议的区域内双边短期方案，而是面向未来的中长期发展方案；它不是单方面提供援助，而是促进共同发展。中国对二十国集团平台和金砖国家机制的倡议，同样不是囿于集团或区域性的考量，而是力求更高程度、更大范围的跨区域、全球共同发展的主张。

全球治理的中国方案包括公平正义的和平方案、互利共赢的合作方案、创新共享的发展方案等，其目的在于推动世界经济发展，建立更加合理的国际秩序，阻止地区冲突，推动国际生态与环境的改善，促进国际体系的完善。

二、全球治理中国方案的实践效果

全球治理中国方案实现了国际多边合作平台的新拓展。党的十八大以来，中国一方面深化既有多边外交平台，如进一步对上海合作组织、中国—东盟自贸区等进行完善；另一方面创新建设了一些国际多边舞台，如中巴经济走廊、中俄蒙经济走廊、孟中印缅经济走廊等。

中国提出金砖合作经济、政治、人文“三轮驱动”，不仅为金砖国家合作开辟了更加光明的未来，而且提振了国际社会对新兴市场国家发展前景的正面预期，在金砖合作进程中具有标志性意义。

二十国集团杭州峰会首次把创新作为核心成果，首次把发展议题置于全球宏观政策协调的突出位置，首次形成全球多边投资规则框架，首次发布气候变化问题主席声明，首次把绿色金融列入二十国集团议程，在二十国集团发展史上留下深刻的中国印记，推动二十国集团从危机应对向长效治理机制转型，促进国际金融治理体系更好地反映新兴市场和发展中国家的利益诉求。

中国大幅度增加对全球治理领域的外交、资源投入，为世界提供了越来越多的公共产品。如牵头推动设立亚洲基础设施投资银行、金砖国家开发银行等新型多边金融机构，促成国际货币基金组织完成份额和治理机制改革，积极参与制定海洋、极地、网络、外空、核安全、反腐败、气候变化等新兴领域治理规则，推动改革全球治理体系中不公正不合理的安排，同意推动《巴黎协定》尽早生效，发起《二十国集团支持非洲和最不发达国家工业化倡议》和《全球基础设施互联互通联盟倡议》，将为发展中国家人民带来实实在在的好处。

中国还在安全治理领域努力实现标本兼治。过去一段时期，地区热点和全球性挑战给全球治理提出新课题。传统大国基于自身利益需要，采取卸责转责推责的做法，原有的全球治理理念、体系和机制无法有效应对当前复杂多变的国际形势、错综相连的地缘政治因素和无处不在的经济金融风险。中国勇于承担责任，积极推动问题的解决；不是立足于一时一事，而是立足于长远、全局和整体；不是头痛医头、脚痛医脚，而是系统地看待、分析和解决问题；努力推动国际地区热点问题政治解决，劝和促谈，贡献合理方案。在解决热点问题的过程中，中国坚持不干涉别国内政，反对强加于人；坚持客观公道，反对谋取私利；坚持政治解决，反对使用武力。这些方案经历了实践检验，取得积极成效，得到越来越多国家的赞同。

三、全球治理中国方案的世界历史意义

全球治理的中国方案是中国共产党人对中国外交实践和发展经验的深刻总结，它回答了在充满差异的社会中，在文明多元化的现实里，在国家间不同利益的诉求下，如何解决国家间矛盾和分歧、实现共同发展的问题。正确义利观、新发展观、新安全观、共商共建共享的全球治理

观以及构建人类命运共同体理念等，既体现中国特色，又实现了外交理论的创新发展。

中国方案坚持互利共赢，强调权利与责任的互动、对等和一致，强调共存共处、共同发展，强调求同存异、包容互鉴。中国方案植根中国土壤，是在中国实践的成功基础之上提出的，可以为其他国家提供借鉴参考。中国方案蕴含中华传统文化精髓，深受中华文化整体观、辩证观、义利观的启发，其所倡导的循序渐进、顾全大局、实事求是、客观公正等理念都被实践证明是有效管控危机、解决问题的方法。

中国方案从理论上系统全面地回应了国际社会的质疑，以整体和配套的理论和战略解决中国发展面临的问题，同时探索人类发展的新方向。中国方案主张变恶性竞争为良性竞争，变强权理念为公平正义，这些治理理念对于推动国际社会朝着良性方向发展具有积极的建设性意义，对于全球安全稳定、构建人类命运共同体有着深远的战略意义。

中国方案得到世界上越来越多国家的认可与赞同。以“一带一路”倡议为例。2016 年 3 月，联合国安理会通过包括推进“一带一路”倡议内容的第 2274 号决议，体现了国际社会对推进“一带一路”倡议的普遍支持。阿联酋《海湾报》认为，“一带一路”或将开启“一个新的时代、一种与以往完全不同的合作模式”。德国《世界报》网站引用匈牙利总理欧尔班的话指出，与傲慢的西方模式相比，中国的“一带一路”倡议是更受欢迎的经济全球化模式，因为它不带“说教”，“没有老师，没有学生”，所有国家都有权塑造符合本国国情的社会。

全球治理的中国方案提升了中国改革开放的世界意义。无论国际风云如何变幻，中国为人类社会发展进步而积极努力的使命感和意志都不会动摇改变，并将在新时代为人类社会做出新的更大的历史性贡献。

第四节　中国特色国际政治理论正在形成

中国共产党始终把为人类做出新的更大的贡献作为自己的使命。当前，世界面临的不稳定性和不确定性突出，人类面临许多共同挑战。习近平总书记在党的十九大报告中指出，中国秉持共商共建共享的全球治理观，倡导国际关系民主化；呼吁各国人民同心协力，构建人类命运共同体，建设持久和平、普遍安全、共同繁荣、开放包容、清洁美丽的世界；中国将继续发挥负责任大国作用，积极参与全球治理体系改革和建设，不断贡献中国智慧和力量。在党的十九大报告中，习近平总书记指出：“中国将继续发挥负责任大国作用，积极参与全球治理体系改革和建设，不断贡献中国智慧和力量。”习近平主席多次在重大外交场合阐述中国关于全球治理的新理念、新思想，提出中国解决全球治理重要议题的新方案、新举措，推动全球治理体系向更公正合理方向发展。愈来愈多的中国方案从为世界所知到为世界所用，向世界展现了一个社会主义大国坚持走和平发展道路，推动构建新型国际关系和人类命运共同体的抱负和担当。

一、为全球治理提供智慧

当今世界是一个互联互通的世界，解决人类共同面临的难题需要各国携手合作。正如习近平主席所说，“没有哪个国家能够独自应对人类面临的各种挑战，也没有哪个国家能够退回到自我封闭的孤岛”。然而，在全球性议题面前，一些国家或犹豫退缩，或事不关己、高高挂起，有的还出现孤立主义、反多边主义倾向。围绕全球治理方向和途径的各种方案竞相出现，这些方案有的仍抱有传统零和博弈思维，无法从根本上满足人类共同发展的需要。中国共产党围绕世界需要什么样的全球治理、全球治理为了谁、如何推动全球治理改革和建设等重大问题，提出一系列中国主张和中国方案。

1. 秉持共商共建共享理念

全球治理不是少数国家关起门来讨论决定其他国家事务，也不是由少数国家来治理其他国家，更不是少数国家排他性地享受全球治理成果。习近平总书记在党的十九大报告中指出：“中国秉持共商共建共享的全球治理观，倡导国际关系民主化，坚持国家不分大小、强弱、贫富一律平等。”中国主张世界命运应该由各国共同掌握，国际规则应该由各国共同书写，全球事务应该由各国共同治理，发展成果应该由各国共同分享。全球治理中国方案的基本点就是：各国携手建设相互尊重、公平正义、合作共赢的新型国际关系，共同构建人类命运共同体。目前，共商共建共享理念正在为国际社会广泛接受，成为全球治理的一项重要共识。

2. 完善全球治理体制机制

多年来，中国更加积极主动地参与全球治理体系改革和建设，日益走近全球治理舞台的中央。中国发起成立了亚洲基础设施投资银行、金砖国家新开发银行、丝路基金、南南合作援助基金、国际发展知识中心等，推进“一带一路”建设，丰富了全球治理的体制机制。此外，中国还利用主办北京 APEC 会议、二十国集团杭州峰会、“一带一路”国际合作高峰论坛、金砖国家领导人厦门会晤等主场外交的机会，积极推动上述全球治理方案机制化。

3. 切实关注全球治理主要议题领域

在推动全球治理体系变革的同时，中国还在全球治理的主要议题领域提出自己的方案和主张。习近平主席在多个外交场合围绕大国关系、经济全球化、互联网、环境、海洋、社会安全、极地、外空、核安全、减贫扶贫、可持续发展、文明交流等问题，提出中国的理解并给出应对之道，形成由经济、政治、文化、社会、环境、安全等多层次、多方面内容构成的全球治理体系方案。

二、为国际政治文明进步带来机遇

围绕全球治理展开多边外交，是多年来中国特色大国外交理论和实践的重要组成部分。全球治理的中国方案彰显了中国特色大国外交的风格和魅力，推动了国际政治文明和外交文明的创新发展。

首先，赋予国际关系和全球治理新的价值理念。世界已进入 21 世纪，如果外交理念还停留在旧时代，就会阻碍国际政治进步。当今世界，人类迫切需要培育新的国际政治文明，以克服零和思维、对抗思维、强权思维、势力范围思维等陈旧的外交理念。综合考察全球治理的中国方案，其高举的和平、发展、合作、共赢等价值观，同和平共处五项原则精神是契合的，更与当今世界对新国际政治文明的追求是一致的。中国提出国际关系和全球治理新的价值理念，超越了传统西方国际关系理论，为国际政治文明进步带来机遇。

其次，统筹考虑国家治理体系和全球治理体系。良好的全球治理依赖于良好的国家治理。中国方案鼓励各国在自己历史和国情基础上探索更好的国家治理体系，为全球治理奠定更好的国家治理基础。“治不必同，期于利民。”从实践来看，强行对外推广某种制度体系的治理方案，非但没有带来国家治理的改善，反而制造出不少乱局，进而给全球治理带来负面影响。中国方案不以改变别国国内治理体系为目的，而是尊重各国人民自主选择发展道路的权利，维护国际公平正义，反对把自己的意志强加于人，反对干涉别国内政，反对以强凌弱。中国梦与世界梦相通，中国的发展不对任何国家构成威胁。

第三，倡导互联互通的区域合作。在区域治理模式上，有的国家对周边国家和其他地区的区域合作奉行分化瓦解的策略。与它们不同，中国按照“亲诚惠容”理念和与邻为善、以邻为伴的周边外交方针深化与周边国家的关系。中国提出“一带一路”倡议，其指导理论不是来自西方国家的一体化理论，而是倡导更为务实的互联互通。一体化理论以建立超国家组织为目标，互联互通理论则着眼于减少区域合作中的各类障碍。中国的互联互通理论正日益受到世界关注。

第四，重视承诺和行动。“善学者尽其理，善行者究其难。”中国坚持言出必行的原则，忠实履行国际义务和承诺，努力推动中国方案循序渐进地被外部理解、接受并实施，同时积极落实各国达成的合理治理协定。为了更有效地落实全球治理方案，中国更加重视培养国际组织、互联互通、执法合作等方面的全球治理人才。正如习近平总书记在党的十九大报告中所指出的，世界命运握在各国人民手中，人类前途系于各国人民的抉择。中国人民愿同各国人民一道，推动人类命运共同体建设，共同创造人类的美好未来。

三、为各国共同发展提供新动力

习近平主席指出，世界正处于大发展大变革大调整时期，和平与发展仍然是时代主题。同时，世界面临的不稳定性、不确定性突出，人类面临许多共同挑战，超越旧式国际关系、迈向新型国际关系的正能量正在积蓄。全球治理的中国方案彰显中国主张，也促使人们思考人类政治文明发展方向，具有深远意义。

1. 以和平方式推动新型国际关系建设

引导国际关系以和平方式向新型国际关系转变，是当今世界各国共同的责任。以往在全球治理体系变革问题上，不少大国相互否定、排斥，给全球治理体系变革带来不确定性。中国关于全球治理体系的改革方案没有全盘否定已有全球治理体系，而是在尊重现有国际治理规则的同时，积极创设新的治理机制，对全球治理产生重要增益效应，从而为维护国际体系稳定贡献了中国力量。此外，在全球治理诸多议题领域，中国方案并不是简单排斥其他国家提出的方案，而是在贯通比较各种合理方案基础上提出新方案，使方案更具兼容性和广泛性。中国提出要相互尊重、平等协商，坚决摒弃冷战思维和强权政治，走对话而不对抗、结伴而不结盟的国与国交往新路。中国方案蕴含的这种稳妥审慎的国际政治智慧，有利于全球治理体系改革以和平而不是对抗冲突的方式演进。

2. 提供新的发展道路选择

解决和平赤字、发展赤字、治理赤字等世界性问题需要有效行动，也需要新的理论知识做指导。当前，来自西方的发展和治理知识在解决人类共同面临的问题上暴露出不足甚至缺陷，而中国方案为全球治理贡献来自中国的经验和知识。全球治理的中国方案构成一套具有中国特色同时又有世界意义的知识体系。这套知识体系是中国在长期探索解决自身发展问题以及世界共同面临问题的基础上形成的，对不少国家的国家治理以及内外关系处理有借鉴价值。随着中国方案得到越来越多国家的认可，过去少数国家和地区垄断发展和治理知识生产的格局也逐渐改变。中国方案给世界上那些既希望加快发展又希望保持自身独立性的国家和民族提供了全新选择。

参考文献

一、译著/国外著作

［美］詹姆斯·多尔蒂、小罗伯特·普法尔茨格拉夫著，阎学通等译：《争论中的国际关系理论（第五版）》，世界知识出版社 2003 年版。

［美］尼思·汤普森著，耿协峰译：《国际思想大师：20 世纪主要理论家与世界危机》，北京大学出版社 2003 年版。

［美］罗伯特·基欧汉编，郭树勇译：《新现实主义及其批评》，北京大学出版社 2002 年版。

［美］大卫·鲍德温编，肖欢容译：《新现实主义和新自由主义》，浙江人民出版社 2001 年版。

［美］约翰·米尔斯海默著，王义桅、唐小松译：《大国政治的悲剧》，上海人民出版社 2003 年版。

［美］赫伯特·马尔库塞著：《爱欲与文明——对弗洛伊德思想的哲学探讨》，上海译文出版社 1987 年版。

［英］阿多尔诺著：《否定的辩证法》，伦敦出版社 1977 年版。

［美］赫伯特·马尔库塞著：《单面人》，伦敦出版社 1964 年版。

［美］肯尼思·华尔兹著，信强译、苏长和校：《国际政治理论》，上海人民出版社 2017 年版。

《马恩全集》第 1、2、3、23、46 卷，人民出版社 1979 年版。

《列宁选集》第 1 卷，人民出版社 2017 年版。

二、专著

王逸舟著：《西方国际政治学：历史与理论（第三版）》，上海人民出版社 2018 年版。

倪世雄等：《当代西方国际关系理论》，复旦大学出版社 2001 年版。

陈岳著：《国际政治学概论》，中国人民大学出版社 2020 年版。

梁守德、洪银娴著：《国际政治学理论（第二版）》，北京大学出版社 2013 年版。

饶银华、王奎著：《国际政治理论研究》，武汉大学出版社 2018 年版。

Robert Jackson & Georg Sorensen, *Introduction to International Relations*, Oxford Univ. Press, 1999.

Paul R. Viotti & Mark V. Kauppi, *International Relations Theory: Realism, Pluralism, Globalism*, New York: Macmillan Company, 1993, second edition.

Kenneth N. Waltz, *Theory of International Politics*, New York: Random House, 1979.

三、期刊论文

杨洁勉："当前国际形势的特点和展望：着眼于中国定位与应对的讨论"，《国际展望》2019 年第 1 期。

马小军："习近平新时代中国特色大国外交思想引领中国外交前行"，《学习时报》2018 年 1 月 2 日。

赵锐玲："伍德罗·威尔逊理想主义学说评析"，《中国人民解放军外国语学院学报》2003 年第 1 期。

侯仕福："理想主义及其政治思想渊源"，《重庆交通大学学报（社会科学版）》2007 年第 3 期。

薛美芳："近现代西方国际关系理论流派发展探析"，《法制博览》

2019 年第 22 期。

李继东：“卡尔·多伊奇的科学行为主义评析”，《中国人民解放军外国语学院学报》2003 年第 1 期。

刘常喜、王家榜：“新现实主义理论与中国‘和平崛起’”，《社科纵横》2013 年第 12 期。

李华锋：“论新现实主义理论的两重性——以中美关系为例”，《聊城大学学报（哲学社会科学版）》2004 年第 1 期。

戚青励：“全球化背景下的新自由主义的主要理论流派”，《社会观察》2005 年第 10 期。

施爱国：“‘民主和平论’剖析”，《现代国际关系》2002 年第 9 期。

苏长和：“自由主义与世界政治——自由主义国际关系理论的启示”，《世界经济与政治》2004 年第 7 期。

姚勤华：“建构主义对国际关系理论发展的影响”，《社会科学》2010 年第 12 期。

王公龙：“温特建构主义理论的贡献与缺失”，《世界政治与经济》2002 年第 5 期。

胡春艳：“建构主义视角下的邓小平国际政治理论”，《哈尔滨学院学报》2012 年 5 期。

陈振明：“法兰克福学派的‘批判的科学哲学’——对实证主义的攻击”，《学术月刊》1991 年第 5 期。

郭树勇：“国际关系研究中的批判理论：渊源、理念及影响”，《世界经济与政治》2005 年第 7 期。

高娟、郭继海：“重新反思技术理性——解读西方马克思主义对‘技术理性’的批判”，《甘肃理论学刊》2007 年第 1 期。

刘武通：“从批判理论看国际关系理论的新视野”，《国际政治研究》1999 年第 3 期。

俞吾金：“批判理论的界限——对法兰克福学派主导思想的反思”，《探索与争鸣》2014 年第 12 期。

张中云："马克思主义国际政治理论概要"，《中共中央党校学报》2001 年第 5 期。

卿孟军、闻洪涛："马克思恩格斯国际关系理论初探"，《哈尔滨学院学报》2006 年第 1 期。

高利平："马克思恩格斯国际政治思想探微——从马克思关于'国际政治的秘密'的观念出发"，《山东行政学院学报》2014 年第 2 期。

石丽艳、孙伟："马克思主义国际政治理论的当代意义"，《人民论坛》2016 年第 19 期。

张艳涛、吴美川："'百年未有之大变局'之哲学分析"，《吉首大学学报（社会科学版）》2020 年第 1 期。

赵宪军："'一带一路'战略与人类命运共同体建构"，《湖南省社会主义学院学报》2016 年第 1 期。

李宝刚、廖红霞："马克思世界历史理论与人类命运共同体的建构"，《辽宁行政学院学报》2017 年第 1 期。

夏先良："开创世界经济开放、包容和可持续发展新局面——'一带一路'的划时代战略意义"，《学术前沿》2017 年第 9 期。

潘梦龙："构建人类命运共同体——中国特色的全球治理方案"，《社会科学前沿》2018 年第 7 期。

卢静："当前全球治理的制度困境及其改革"，《外交评论（外交学院学报）》2014 年第 1 期。

刘方平："全球治理视域下人类命运共同体建构"，《西南民族大学学报（人文社科版）》2018 年第 4 期。

欧阳向英、李燕："当代中国的全球治理观"，《观察与思考》2019 年第 6 期。

陈凤英："十九大报告诠释全球治理之中国方案——中国对全球治理的贡献与作用"，《当代世界》2017 年第 12 期。

范玉刚："中华文化中的全球治理之道"，《人民论坛》2016 年第 15 期。

王秋怡："全球治理中的中国方案及其贡献"，《当代世界》2018 年第 4 期。

莫旻荧：“‘一带一路’背景下文化传播与交流的实现路径探究”，《社会科学家》2018 年第 6 期。

熊澄宇：“‘一带一路’背景下的文化交流与文明互鉴”，《丝绸之路》2017 年 第 23 期。

李国强：“古代丝绸之路的历史价值及对共建‘一带一路’的启示”，《求是》2019 年第 1 期。

马志丽、丁耀全：“文明交流互鉴：宗教文化对‘一带一路’战略的影响”，《福建省社会主义学院学报》2017 年第 3 期。

潘晔、肖陈望：“‘亲诚惠容’周边外交理念的意蕴与实施方略”，《社会科学动态》2019 年第 7 期。

王存刚：“中华人民共和国外交的内质与追求”，《世界经济与政治》2019 年第 6 期。

王逸舟：“中国国际政治理论研究的几个问题”，《欧洲研究》2017 年第 3 期。

阎德学：“习近平外交思想与中国特色国际关系理论构建”，《东北亚论坛》2019 年第 1 期。

门洪华：“从中国特色到中国学派——关于中国国际政治理论建构的思考”，《国际观察》2016 年第 2 期。

四、参考网站

“世界处于百年未有之大变局”——从政治学、经济学、历史学的多角度观察和解读一个重大战略判断，人民论坛，2019 年 1 月 14 日，http：//www.rmlt.com.cn/2019/0114/537231.shtml？from = singlemessage&isappinstalled =0。

吴敏文：“美国国防战略由反恐重回‘大国竞争’”，环球网，2018 年 1 月 15 日，https：//mil.huanqiu.com/article/9CaKrnK6tz2。

金灿荣：“第四次工业革命是中国巨大的历史机遇”，光明网，2019 年 8 月 19 日，http：//theory.gmw.cn/2019 -08/19/content_33087426.htm。

“习近平同美国总统特朗普通电话”，人民网，2018 年 11 月 2 日，http：//cpc. people. com. cn/GB/n1/2018/1102/c64094 – 30377316. html。

“文明因交流而多彩？文明因互鉴而丰富”，人民网，2019 年 5 月 15 日，http：//opinion. people. com. cn/n1/2019/0515/c1003 – 31084953. html。

毛丽娜：“习近平外交思想中的马克思主义哲学思维”，中国网，2019 年 2 月 21 日，http：//www. china. com. cn/opinion/theory/2019 – 02/21/content_74489898. htm。

谢迪斌：“习近平外交思想的文化渊源与理论基础”，中国网，2018 年 9 月 14 日，http：//www. china. com. cn/opinion/theory/2018 – 09/14/content_63423668. htm。

“观大势，谋全局——习近平总书记系列重要讲话蕴含的一个重要思想和工作方法”，人民网，2017 年 2 月 27 日，http：//theory. people. com. cn/n1/2017/0227/c40531 – 29109972. html。

“中国特色大国外交要推动构建新型国际关系，推动构建人类命运共同体”，人民网，2017 年 10 月 25 日，http：//world. people. com. cn/n1/2017/1025/c1002 – 29608758. html。

后 记

公元2020年，农历庚子年！这是一个极为特殊的年份，更是极不平凡的一年！它是中国实现全面脱贫攻坚的收官之年，也是中国全面建成小康社会的关键一年。年初，一场突如其来的新冠肺炎疫情首先在中国暴发，随后世界各国相继暴发疫情。这一年年中，中国多个省份还经历了一场百年一遇的特大洪灾，人民生命和财产面临巨大威胁。在新冠肺炎疫情暴发初期，面对来势汹涌的未知病毒，中国政府和人民不仅毫无准备，而且无端成为西方国家污名化和恶毒攻击的目标。面对疫情在全世界的蔓延，个别大国不仅未能控制住疫情，而且任其蔓延和传播，在造成本国国民大量死亡的同时，还对别国构成巨大威胁。甚至某国领导人还不断甩锅中国，指责世界卫生组织。唯有曾经经历过无数磨难的中国共产党领导全国人民沉着应对，全国一心，克服各种困难和风险，在较短的时间内有效控制住疫情，挽救了无数生命；唯有中国在自身仍很艰难的情况下还不断向世界各国提供抗疫物资，甚至派出医疗人员开展救援；唯有中国在较短的时间内有效控制住疫情并全面复工复产，成为2020年全世界唯一实现经济正增长的主要经济体。

新冠肺炎疫情恰是一面反光镜，照出不同国家、不同社会制度和国家治理模式的区别。中国政府坚持人民至上、生命至上，举全国之力抗击疫情，不仅取得国内疫情防控重大战略成果，而且一直全力支持全球抗疫行动。中国在有效控制住疫情后，迅速实现复工复产，及时向世界各国伸出援手，不仅向各国提供抗疫物资，而且向多个国家派出医疗队，积极支援各国抗疫，体现了一个世界大国的应有担当，为世界各国的抗疫做出巨大贡献，充分践行了构建人类命运共同体的理念。

英国哲学家、预言家汤恩比曾经说过：“如果有来生，我愿生在中国。”看完老子的《道德经》、孔子的《论语》后，他又说了这样一段话：“19 世纪是英国人的世纪，20 世纪是美国人的世纪，到了 21 世纪，人类会因过度的自私和贪婪而迷失自己，科技手段将会毁掉一切，加上道德沦丧、信仰疲乏、心灵空虚，世界必将出现空前的危机。要拯救三大生存危机，唯有中国儒家孔孟之道和大乘佛法，所以 21 世纪是中国人的世纪。”

中国这方沃土已经诞生了以“关系理论”“道义现实主义”“共生理论”“社会演化理论”等为代表的国际关系理论的中国学派，提升了理论自觉与自信，将助力外交政策的理论性和前瞻性。从哲学意义上说，中国学派诞生的深层原因是无法绕开西方理性主义而产生的“文化焦虑”，进而变压力为动力，诞生出中国学派这一“文化认同”，有了这个基础，才会有真正的“文化自信”。

党的十八大以来，以习近平同志为核心的党中央创造性地提出一系列外交新理念、新思想、新战略，形成并确立了习近平外交思想，为指导新形势下的中国外交提供了理论和思想武器，为推动国际体系变革完善贡献了中国智慧和中国方案。在强烈的问题意识与变革方向、时势与动态体系的整体把握、智慧与外交实践的相辅相成、底线思维与综合国力的保障、人文主义与天下情怀的观照等五大方面精准发力，积极推动中国特色大国外交的理论与实践，成功激活了中国国际关系理论，也为全球国际关系理论贡献了中国智慧。

习近平主席在密集的元首外交活动中利用各种场合阐释当代中国的“世界观”“发展观”“义利观”，描绘中国与世界各国休戚与共、梦想相通的新图景，融整体意识、全球视角、传统智慧、务实精神于一体，提出构建人类命运共同体，展现了一位大国政治家的天下情怀。凡益之道，与时偕行。走向伟大复兴的中国，将携手世界各国，向着构建人类命运共同体的宏伟目标，向着更加和平、公正、包容、普惠、共赢的美好未来前进。

2018 年 6 月召开的中央外事工作会议正式确立了习近平外交思想的指导地位。在波澜壮阔的外交实践中，习近平主席牢牢把握中国和世界发展大势，深刻思考人类前途命运，提出一系列富有中国特色、体现时代精神、引领人类发展进步潮流的新理念新主张新倡议，形成习近平新时代中国特色社会主义外交思想，即习近平外交思想。习近平主席创造了历史机遇期、正确义利观、全球伙伴关系、总体国家安全观、“一带一路”倡议、人类命运共同体等新理念、新实践，深刻揭示了中国特色大国外交的本质要求、内在规律和前进方向，极大地丰富了中国的外交政策理论，有力地激活了中国国际关系理论，必将对全球国际关系理论的发展做出重要贡献。

宋志辉

2020 年 12 月 31 日

四川大学国际关系学院